SCORPIO

CHRISTIAN
STRASSER

DAS ERWACHENDE BEWUSSTSEIN

Aufbruch in die neue Zeit

Für Anne und Felix

© 2010 Scorpio Verlag GmbH & Co. KG, Berlin · München
Umschlaggestaltung: David Hauptmann,
Hauptmann & Kompanie Werbeagentur, Zürich
Satz: BuchHaus Robert Gigler, München
Druck und Bindung: Pustet, Regensburg
ISBN 978-3-942166-14-0

www.scorpio-verlag.de

»Die Evolution besteht nicht darin,
dass man immer heiliger oder
immer gescheiter wird, sondern
immer bewusster.«

Satprem

Inhalt

Prolog

Nachdenklich ging ich die Stufen des Schlosshotels hinunter, zu den wartenden Taxis. Ich verließ den »Olymp«, wie man das festliche Dinner ehrfürchtig nannte, immer noch aufgewühlt, ohne recht zu wissen, warum. Dann, während der langen Taxifahrt zurück in die Mainmetropole, ordnete ich meine Gedanken. Meine innere Stimme hatte mich gewarnt. Warum aber dann diese derart heftige Reaktion? Ging ich denn nicht schon seit längerem meinen eigenen Weg? Immerhin hatte ich in relativ kurzer Zeit meinen Verlag zu einiger Reputation und Erfolg gebracht, und das durchweg mit engagierten Autoren und gesellschaftlich relevanten Inhalten. Ich hätte mich also zufrieden zurücklehnen, zumindest gelassener sein können. Was veranlasste mich zu diesem Ausbruch? Verzweiflung, Kopflosigkeit, eine Kurzschlusshandlung? Bald wurde mir klar: An diesem Abend war mir ein Spiegel vorgehalten worden. Und ich hatte mit vollem Bewusstsein hineingesehen.

Es ist der Donnerstag der Frankfurter Buchmesse 2007. Wie in vielen Jahren davor findet das exklusivste Abendessen der Messe statt, das Gipfeltreffen der Branche. Fünfzig Gäste hat eine der einflussreichsten Verlegerinnen der USA auf Schloss Kronberg im Taunus geladen, darunter die weltweit wichtigsten Literaturagenten, die Chefs der großen europäischen Verlagshäuser, bedeutende Cheflektoren sowie einige unabhängige Privatverleger. Dabei zu sein, gilt als Ritterschlag.

Auch für mich ist es eine Ehre, zumal ich zu den gerade mal drei, vier deutschen Verlegern zähle und noch dazu als Leiter eines vergleichsweise kleinen Verlags.

Während ich mich unter die Gäste mische, regen sich erste Zweifel. Gewiss, ich bin umgeben von großartigen Menschen, kompetent, gebildet, kultiviert. Doch ihre Gedanken und Gespräche kreisen um Geld und Erfolg, wer wem welche lukrativen Buchrechte abgejagt hat und welche Rechteauktionen gerade laufen. So mancher Gesprächspartner hat ein Pokerface aufgesetzt, ein bisschen Bluffen, ein bisschen Prahlen, und anfängliche Fröhlichkeit verwandelt sich bald in künstliches, fast hysterisches Gelächter. Über Buchinhalte wird selten gesprochen, und kaum jemand interessiert sich für Autoren, für ihre Ideen, für ihre Kreativität. Dass das Buch immer noch und vielleicht gerade heute eine enorm wichtige Funktion für das Bewusstsein der Gesellschaft hat, ist kein Thema.

Ich fühle mich vollkommen deplatziert, und auch den Champagner kann ich nicht recht genießen. Schon länger wird in solchen Gesprächen mein innerer Widerspruch herausgefordert. Doch an diesem Abend spüre ich die Distanz besonders deutlich. Für Außenstehende mag das Geschäft mit Büchern eine gleichsam heilige Aura besitzen, hinter den Kulissen jedoch herrschen Kampf und Trickserei. Seit die internationalen Medienkonzerne die Branche beherrschen, zählen nur noch Umsatz- und Gewinnsteigerung, und zwar Quartal für Quartal, sowie maximale Renditen, die mit den anderen Geschäftsbereichen der Konzerne mithalten können, ganz gleich, ob es sich dabei um Fernsehformate, Zeitungen, Zeitschriften, Filme oder Pay-TV-Kanäle handelt.

Das Gefühl des Verlorenseins in diesem System global agierender Medienkonglomerate war noch nie so groß wie in diesem exklusiven Kreis. Wohl von niemandem im Raum kann ich erwarten, dass er versteht, warum ich mich von Visionen und Idealen getragen fühle und dass mein Verstand die Beteiligung an den Gesprächen verweigert. All die illustren Gäste erscheinen mir plötzlich als Getriebene. Das System lässt sie nur noch von Bestsellern und Erfolgen sprechen, es stehen international kompatible Waren zur Debatte, wie an einer Börse.

Solche kühl kalkulierten Produktstrategien sind mir vertraut. Viele Jahre drehte ich schließlich selbst mit am großen Rad der Bestsellermaschinerie. An der Spitze mächtiger Buchkonzerne und Verlagsgruppen leitete ich unzählige Strategiesitzungen, national und international. Der erbitterte Kampf um Marktanteile und Renditen und um die Platzierung der »Produkte« in Buchhandlungen und Medien ist mir nicht fremd.

Zwei große Karrieren liegen hinter mir. Zum einen mein Aufstieg zum Leiter des weltweiten Buchgeschäfts bei einem internationalen Konzern, zum anderen der Aufbau eines großen deutschen Buchimperiums. Beide Male scheiterte ich an Strategiewechseln aufgrund ökonomischen Drucks, an den Gesetzen eines Managements, für das die Bücher selber keine Rolle spielen. Zweimal musste ich erleben, dass Konzerne eine Art zu denken und zu handeln diktieren, die jede inhaltliche Konzeption zunichtemacht, sei sie auch von höchsten Ambitionen motiviert. Deshalb hatte ich noch einmal klein angefangen, bescheiden, auf Inhalte konzentriert, hatte den Kampfplatz bewusst verlassen und einen Verlag übernommen, in dem die Autoren und ihre Themen zählen.

Mit den Big Players auf Schloss Kronberg verbindet mich somit an diesem Abend nur noch wenig. Wo ich auch hinschaue: Auf dieser Bühne präsentieren sich vor allem Macht und Ego. Dabei habe ich noch Glück: Ich sitze neben einer Literaturagentin, einer »grand old Lady«, einer der letzten Großen unter den wirklich Literaturinteressierten im klassischen Sinne. Unbeirrt verficht sie einen im besten Sinne altmodischen und ihrer Zunft eigenen Qualitätsbegriff sowie Loyalität und Treue zu den Autoren und Verlagen. Ja, es sei für sie ein großes Geschenk, so eng mit Schriftstellern zusammenzuarbeiten.

Aufmerksam höre ich ihr zu. So bleibt mir nicht verborgen, dass auch sie sich längst mit dem Widerspruch zwischen Buchinhalten und globalen Renditeforderungen quält. Ihr feines Gespür verhalf ihr einst zu spektakulären literarischen Entdeckungen, und oft bewies sie auch selbstloses Engagement für noch unbekannte Autoren. Jetzt muss sie großen Namen hinterherjagen, sicheren Bestsellerproduzenten, mit denen sich möglichst viel Geld verdienen lässt. Selbst diese beeindruckende Frau ist also Teil eines Systems geworden, dessen Oberflächlichkeit ihr bewusst ist, dem sie sich aber nicht entziehen kann.

Plötzlich vernehme ich eine innere Stimme, kraftvoll und mahnend: »Du gehörst nicht mehr hierher.« Es ist, als ob ich aufgeweckt würde aus tiefer Lethargie. Die Buchwelt, die sich hier präsentiert, ist nicht mehr die meine. Ohne lange nachzudenken, stehe ich auf und verabschiede mich höflich von meiner Tischnachbarin. Erstaunt befragt, warum so früh … »Ich muss gehen«, ist alles, was ich antworten kann. Noch eine Entschuldigung bei der Gastgeberin, dann verlasse ich den Saal.

Ja, an diesem Abend war mir ein Spiegel vorgehalten worden. Denn so ganz anders, wie ich glaubte, verhielt ich mich nicht. Aus meinem anfangs kleinen Verlag war inzwischen wieder ein Publikumsverlag geworden, mit der typischen Mischung aus Belletristik, Sachbüchern und Lebensratgebern. Über dreißig Titel pro Jahr brachte ich heraus und war kurz davor, in den globalen Markt des Rechtehandels zurückzukehren.

Das Konzept, klein, aber fein zu bleiben, entpuppte sich immer mehr als Illusion. Ökonomisch zu überleben, war gleichbedeutend mit dem Zwang zum Wachstum, mit der Fixierung auf Bestseller, mit der Ökonomisierung des verlegerischen Handelns. Die Inhalte wurden längst wieder gemessen an wirtschaftlichen Parametern; für avantgardistische Bücher jenseits des Mainstreams war kaum noch Spielraum. Doch es hatte des Galadinners im Schlosshotel bedurft, um zu erkennen, dass ich mich in die falsche Richtung bewegte: dass ich dem großen Geschäft hatte entfliehen wollen und genau dort wieder angekommen war.

So geriet das Abendessen während der Buchmesse 2007 zum Schlüsselerlebnis. Noch im Taxi fasste ich den folgenschweren Entschluss: Ich würde aus diesem System aussteigen. Während die Welt sich in rasendem Tempo veränderte, krisengeschüttelt, klimabedroht, kriegführend und knapp an Ressourcen, während ihre Strukturen und Teilsysteme, die sie einst zusammenhielten, zusehends auseinanderfielen, wurde mir bewusst, dass es so nicht weitergehen konnte. Entsprechend konnte und wollte auch ich nicht mehr weiterarbeiten und mein Leben in den Dienst dieses bestehenden alten Systems stellen.

Doch was kann ein einzelner Mensch überhaupt tun, um dem sich weltweit anbahnenden Gefühl der Verunsicherung und den negativen globalen Entwicklungen etwas entgegenzusetzen?

Immer größer, immer schneller, immer sinnloser, diese Tendenzen sind die Symptome einer systemischen Überdehnung, die uns überall begegnet. Ob es sich um Politik handelt, Kultur oder Medien, jede gesellschaftliche Sparte tendiert zur Machtkonzentration, in der nur das ökonomisch Kompatible eine Chance hat.

Parallel dazu steuert die gesellschaftliche Realität unübersehbar auf eine Krise zu. Die globale Konsumwirtschaft und die Ressourcenausbeutung nehmen zerstörerische Dimensionen an. Die Widersprüche von Ökonomie und Ökologie verschärfen sich, und manche Theoretiker sprechen bereits von der Existenzfrage, die sich angesichts der dritten industriellen

Revolution stelle. Die Zentralprobleme der Arbeitsgesellschaft sind ungelöst und wachsen, gefährliche Verschiebungen des Gesellschaftsgefüges kündigen sich bereits an.

Wir leben in einer historisch heiklen Phase, in einem Vakuum zwischen dem alten Denken des Wirtschaftsliberalismus und einer noch nicht sichtbaren, ethisch bestimmten Ordnung. In dieses Vakuum strömen Verunsicherungen und Widersprüche aller Art. Eine »Zwischenwelt der Ratlosigkeit« tut sich auf, in den Worten des Sozialwissenschaftlers Oskar Negt, schlingernd zwischen einem »Nicht-mehr und einem Noch-nicht«.

So vertraute ich darauf, dass Krisenzeiten Erkenntnisprozesse befördern. Jedes neue Krisensymptom wirkt wie eine Aufforderung, die Gegenwart auf Veränderungsmöglichkeiten hin zu befragen. Welche Interventionen aber können eine wirksame Gegenbewegung in Gang setzen?, fragte ich mich. Welche Gedanken können eine Macht entfalten, stark genug, damit sich die Verhältnisse tatsächlich ändern?

Als ich aus diesem System aussteigen wollte; hatte ich noch keine Antwort. Als ich einige Monate später meinen Verlag verkaufte, tat ich es ohne Bedauern. Ich wollte nicht länger im Bann von Umsätzen und Bestsellern leben. Nie mehr werde ich in den Mainstream zurückkehren, nahm ich mir vor. Nie mehr werde ich zulassen, dass die Atmungsfähigkeit meiner Seele erlischt. Ich wollte stattdessen frei sein, das zu tun, wovon ich schon lange träumte: reisen, forschen, schreiben, mich prüfen und weiterentwickeln. Die verbleibende Lebenszeit würde ich nutzen, um endlich etwas Sinnvolles im geistigen und spirituellen Sinne zu tun.

Eine innere Transformation begann, die sich lange angekündigt hatte. Die Distanz zu meinem alten Berufsleben war stetig größer geworden, die Skepsis gegenüber einem Markt, der alles erfasste, Produkte, Dienstleistungen, Bücher. Vor allem aber hatte ich mich dreißig Jahre lang mit Spiritualität beschäftigt, mit Meditation und Yoga – ein wichtiger Kontrapunkt zu meinem rational bestimmten Berufsleben. Vernetztes Denken und verantwortliches Handeln waren dadurch Leitmotive meines Selbstverständnisses geworden.

Einiges davon hatte ich umsetzen können, im Sinne einer menschlicheren Unternehmenskultur und mit Hilfe engagierter Verlagsprogramme. Doch die ökonomischen, ökologischen und gesellschaftlichen Probleme hatten sich inzwischen vergrößert, und ich wusste, dass nur mit neuen Paradigmen wie Nachhaltigkeit und Ganzheitlichkeit ein allgemeiner Wandel zum Besseren möglich war.

Dabei kam ich nicht umhin, mir die Frage nach meiner Berufung zu stellen. Welche Rolle war mir in diesen Umbruchzeiten zugedacht? Und wieder war es eine kraftvolle Stimme aus meinem Inneren, die mir sagte: Als Privatier schreiben und reisen, das reicht nicht; hier wartet noch eine Aufgabe; hier wirst du gebraucht. So wurde mir bewusst, dass meine persönliche Entwicklung einen tieferen Sinn hatte und dass es dabei um die Transformation des kollektiven Bewusstseins ging.

Mahatma Gandhi hatte einst gesagt: »Sei die Veränderung, die du dir für diese Welt wünschst.« Es war ein Satz, der mich im Innersten traf. Nein, es reichte nicht, dass ich mich in eine bürgerliche Nische zurückzog, in der ich meine ethische Gesinnung kultivierte. Was fehlte, war die Verbindung von Haltung und Handeln. Auf einmal spürte ich den Mut, in unbekanntes Terrain aufzubrechen.

Ich wollte nicht länger Zuschauer sein. Fortan würde ich für meine Überzeugungen einstehen, nicht nur im Denken, sondern auch mit dem, was ich tat.

Dabei kam mir zu Hilfe, dass Menschen meinen Weg kreuzten, die zur Avantgarde eines neuen Bewusstseins gehörten. In rascher Folge lernte ich Physiker und Mediziner, Philosophen und Forscher kennen, die sich der »Übergangszeit« widmeten, von der immer häufiger die Rede war. In Büchern und Dokumentarfilmen schilderten sie eine Phase des Umbruchs und der Transformation, die sich mit meinen Beobachtungen deckte. Was aber konnte ich tun, um diese Umbruchphase mit meinen Mitteln zu unterstützen?

Die Antwort lag auf der Hand. Ich musste meine gesamte Erfahrung einbringen, um diese Zeitenwende zu begleiten und zu fördern. Wenn es mir ernst war mit einem neuen, ganzheitlichen Blick, musste meine Transformation umfassend sein: als Verleger, als Autor, im Kern meines Selbst. Es musste möglich sein, neue Werte zu etablieren und ein neues Bewusstsein zu entwickeln – basierend auf der Erkenntnis, dass alles mit allem verbunden ist. Und das hieß, dass ich Autoren ein Forum geben würde, die hinter der Grenze des Denkbaren nach neuen Lösungen suchten; Autoren, die vielleicht noch als Außenseiter galten, in Wahrheit aber Pioniere waren, weil sie neue Weltbilder entwarfen.

Mit reinem Denken war es allerdings nicht getan, auch das spürte ich. Täglich sah ich die Auswirkungen unserer rational gesteuerten Kultur, sah die angeblichen Lösungen für Probleme, die sogleich neue Probleme nach sich zogen. »Lass nie zu, dass der Intellekt dein Gott wird«, hatte Einstein gesagt. »Der Intellekt kann nur folgen, nicht führen.« Eine allgemeine Transformation musste tiefer greifen und das herrschende, das bestehende Ego verwandeln. Das jedoch konnte nur durch eine spirituelle Öffnung des Geistes geschehen.

Heute weiß ich: Das gereinigte, transformierte Ego entfaltet eine ungeheure geistige Kraft. Sie ist es, die wir für ein radikales Umdenken brauchen, für die positive Veränderung der Welt. Wer aus der Achtsamkeit heraus agiert, erlangt eine völlig neue Qualität des Handelns. Wir werden uns daher nicht mit kleinen Kurskorrekturen begnügen können. Was ansteht, ist ein umfassender Wandel, ein geistiger Paradigmenwechsel. Wenn die Menschheit sich nicht selbst abschaffen will – und diese Gefahr war nie so groß wie in unserer Gegenwart –, kommen wir nicht an einem Phasensprung vorbei, der uns auf eine höhere Ebene der Existenz versetzt.

Aus diesen Überlegungen heraus entstand Scorpio, ein Verlag, der sich einem neuen Denken widmet. Ziel ist es, Geistes- und Naturwissenschaften zusammenzuführen und damit den Dualismus von Geist und Materie zu überwinden. Nur auf diese Weise wird das Einssein der Menschheit mit der Natur und mit etwas Höherem erfahrbar. Begriffe wie Energie, Resonanz und Heilung durchziehen die Themen des Verlagsprogramms. Hier entstehen Bücher für Menschen, die ahnen, dass es einer ethischen Revolution bedarf, um die zerstörerischen Strukturen unserer Systeme zu ändern. Und es sind Bücher für Suchende, die ein Gespür für die spirituelle Dimension dieses Transformationsprozesses haben.

Sicher ist: Wir stehen kurz vor einer Entzauberung der technokratischen Zweckrationalität, die ganze Volkswirtschaften dem Ruin zutreibt und keine soziale Verantwortung kennt. Noch vor wenigen Jahren hätte man diese Einschätzung für tendenziös gehalten, für einen reichlich übertriebenen Kassandra-Ruf. Doch knapp ein Jahr nach dem denkwürdigen Buchmesse-Dinner, Anfang September 2008, crashte die Investmentbank Lehman Brothers. Die Welt schaute in einen Abgrund – den Nihilismus des globalen Finanzsystems. Meine Erschütterung war fundamental, denn ich war äußerst sensibel geworden für die Sollbruchstellen von Systemen. Der weltweite Zusammenbruch des Geldmarktes, über Nacht und ohne Vorankündigung, schien meine düstersten Ahnungen zu bestätigen.

Die Finanzkrise war ein Schock. Politiker und Ökonomen, die gerade noch die Selbstregulierung der Märkte propagiert hatten, riefen nach Maßnahmen gegen Verantwortungslosigkeit und Gier. Der Kapitalismus hatte seine ganze destruktive Energie gezeigt. Gespannt wartete die Weltöffentlichkeit auf Zeichen einer Umkehr. Heute wissen wir, dass seither wenig geschehen ist. Skandalös wenig. Ein substanzieller Paradigmenwechsel dagegen bedeutet, geistige Innovationen jenseits bekannter Denkschemata zuzulassen. Anders sind die Krisen, die sich ankündigen, nicht mehr zu bewältigen: die Krisen der Wirtschaft, der Politik, der Ökologie.

Wir brauchen neue Quellen der Inspiration. Dazu gehören die östliche Philosophie, die moderne Physik, die tradierte Spiritualität, vor allem aber die Ganzheitlichkeitslehren, die so alt sind wie die Menschheit. Nur aus einer geistigen Erneuerung heraus können wir den maroden Kapitalismus transformieren, seine systemische Überforderung, seine Gleichgültigkeit gegenüber Mensch und Natur. Diese Transformation ist längst überfällig. Es wirkt geradezu absurd, dass ein bröckelndes Konstrukt wie der Kapitalismus noch mit milliardenschweren Hilfspaketen am Leben gehalten wird – obwohl er uns weder ökonomisch, ökologisch noch gesellschaftlich ein besseres Dasein ermöglicht.

Ich verstehe mich keinesfalls als Klassenkämpfer. Ganz gleich, ob wohlhabend oder am Rande des Existenzminimums stehend – Aufwachen und Umdenken sind die Herausforderungen, die sich jenseits der sozialen Schichten stellen. Die Umbrüche, die uns bevorstehen, die Implosion aller bekannten Strukturen und Systeme, werden ohnehin jeden erfassen. Aber jeder hat auch Gestaltungsmacht, und sei er auf den ersten Blick noch so machtlos. Die Politik hingegen wirkt wie in Schockstarre verfallen. So tut man alles dafür, den Schein der Kontinuität aufrechtzuerhalten, während hinter den Kulissen bereits die Pfeiler unserer Demokratie zu Staub zerfallen: stabile Finanzen, gerechte Umverteilungspolitik, faire Regulative für den Markt, ökologische Verhältnismäßigkeit.

Mit diesem Buch möchte ich jenen Mut machen, die sich – bislang chancenlos – fragen, welchen Wert sie in einer ökonomisierten Welt haben. Aber auch den Leistungsträgern möchte ich Impulse geben, und das ist nicht als Anmaßung gemeint. Viele engagierte Politiker und Wirtschaftslenker müssen sich heute diffamieren lassen, obwohl sie sich um eine Verbesserung der Zustände bemühen. Ihr eigentliches Dilemma besteht darin, dass sie keinen Ausweg aus den selbst auferlegten Sachzwängen finden. Die Problemlösung für das große Ganze aber erschöpft sich nicht in Neujustierungen der bekannten Stellschrauben, sie liegt vielmehr in einem neuen spirituellen Bewusstsein, das von Ganzheitlichkeit geprägt ist.

Ich bin mir bewusst, dass ich mit diesem Buch ein Risiko eingehe, indem ich mich zu Ideen bekenne, die so mancher Verlagskollege oder Medienkritiker gerne als sentimentales Gutmenschentum abtun wird. Doch es gibt keine Alternative zur Authentizität. So möchte ich einen Beitrag zum Bewusstseinswandel leisten, der uns unausweichlich bevorsteht, wenn wir uns vor dem Untergang retten wollen.

Wer je gespürt hat, in welch hohem Ausmaß geistige Energien reale Verhältnisse ändern können, wird meine Mission verstehen. Und ich bin nicht allein mit dieser Erfahrung. Spirituelle Einflüsse sind längst kein Randgruppenphänomen mehr, sie reichen heute bis in die Chefetagen der Top-Entscheider. Auch als jüngst Hunderte von Yoga-Anhängern auf dem Times Square in New York meditierten, war das mehr als ein modischer Mediengag. Etwas kommt in Bewegung. Die starr geglaubten Verhältnisse beginnen sich zu verflüssigen. Das Bewusstsein erwacht, langsam noch, zögernd, doch die Zeichen mehren sich für einen kollektiven Bewusstseinswandel. Wir alle können daran teilhaben, verstehend, handelnd, gestaltend. Darum geht es in diesem Buch.

1. KAPITEL

Zwischen Weltuntergang und erwachendem Bewusstsein

Spirituelle Impulse lösen das Krisenmanagement ab

»Gier ist gut!« – wie energiegeladen und optimistisch klang dieser Satz damals, Ende der achtziger Jahre. Er war das Credo des Turbokapitalismus. Gier verhieß Wohlstand, Wachstum, Prosperität. Filmregisseur Oliver Stone hatte die Bemerkung Gordon Gekko in den Mund gelegt, jenem smarten Börsenmakler aus »Wall Street«, der zur Filmikone einer Epoche aufstieg. Stone prägte 1987 mit seinem Helden einen idealtypischen Protagonisten des Geldmarktes. Gordon Gekkos Bekenntnis zur Gier wurde zum Leitspruch des gesamten westlichen Wirtschaftssystems. Nur wenn gierige Leute nach oben drängen, so hieß es, bleibe der Finanzkreislauf im Fluss.

Das Streben nach Geld, die dunkle Energie von Machtlust und rücksichtsloser Spekulation galten als Motor des Kapitalismus. Zwar ging ein sozialdarwinistischer Hautgout vom Begriff der Gier aus, doch er verhieß eine ökonomische Vitalität, die letztlich allen zugutekommen würde. So jedenfalls dachte man.

Gier ist gut? Heute klingt dieser Satz obszön. Denn es war ausgerechnet dieser Begriff, der zum Synonym für die Finanzkrise wurde. Plötzlich war Gier böse, ein blinder Trieb von Fondsmanagern und Anlageberatern, die bedenkenlos faule Kredite und andere Luftprodukte in Umlauf gebracht hatten. All die seriös auftretenden Herren in Nadelstreifen, so schien es, folgten reichlich unzivilisierten Instinkten und machten selbst vor kriminellen Machenschaften nicht Halt.

Der Sozialdarwinismus der achtziger Jahre, diese schwungvolle Begleitmusik des Wirtschaftsliberalismus, klang mit einem Mal blechern.

Dass eine breite Öffentlichkeit infolge der Finanzkrise erstmals über die Gier der Wirtschaftselite sprach, war neu. Nie zuvor wurde über ein ökonomisches Desaster derart moralisch debattiert wie über die Vorfälle rund um die Investmentbank Lehman Brothers. Nach Moral hatte zuvor niemand gefragt, und Wirtschaftsethik schien eher ein Fall für akademische Zirkel zu sein. Doch die Öffentlichkeit wachte auf, und mancher rieb sich ungläubig die Augen: Wie konnte es geschehen, dass ausgerechnet mit Duldung des Staates eine Spielermentalität sich ausgebreitet hatte? Warum ließ man Akteuren freie Hand, deren gewissenlose Methoden zu einem Betrug weltweiten Ausmaßes führten? Und warum galten moralische Werte, die doch das gesamte Zusammenleben steuern und das soziale Gefüge zusammenhalten, nicht auch und gerade für Finanzleute, die mit Millionen und Milliarden hantierten?

Der Crash veränderte das Bewusstsein von Millionen Menschen überall auf der Welt. Auch die, die einst Figuren wie Gordon Gekko faszinierend gefunden hatten, empfanden nur noch Verachtung für leichtfertige Finanzmakler ohne Moral. Die öffentliche Meinung wandelte sich. So glamourös auch die Finanzwelt jahrelang dargestellt worden war – nun glaubte niemand mehr an ihren Glanz. Etwas hatte sich gedreht. Was zuvor als Kavaliersdelikt betrachtet und oft empfunden wurde, die großzügige Interpretation der Grauzone zwischen Legalität und Illegalität, wurde nun Skandal genannt. Unwissen und falsche Toleranz verwandelten sich in Wut. Denn eines war selbst den naivsten Beobachtern des Geschehens klar: Die Rechnung würden wir alle zahlen, Bürger, Wähler, Familien, Kinder.

Diese Neubewertung von Börsenspekulationen ließ auch Oliver Stone nicht unberührt. Mit der Fortsetzung von »Wall Street« unternahm der Regisseur 2010 den Versuch, einen geläuterten Gordon Gekko zu präsentieren. Gerade aus dem Gefängnis entlassen, zeigt Gekko Reue. Mehr noch: Sein Bewusstsein hat sich verändert. Statt an den Schauplatz seiner Verfehlungen zurückzukehren, hält er Vorträge, in denen er die Maßlosigkeit der Wall Street anprangert. Die Wandlung vom Saulus zum Paulus ist ebenso radikal wie sympathisch: Gekko kümmert sich erstmals um sein Familienleben und hilft seinem künftigen Schwiegersohn, der in alternative Energien investieren möchte.

Ein schönes Märchen? Stones von Gier »gereinigter« Gekko ist nachvollziehbar, wenn man bedenkt, dass sein Held während der langjährigen Haftstrafe viel Zeit zur Selbstreflexion hatte. In der Realität allerdings treffen wir den Typus des geläuterten Täters nicht an. Kein Finanzmanager hätte sich selbst angeklagt, kein Angehöriger der Top-Riege hätte öffentlich das System infrage gestellt. Der Dominoeffekt zerbrechender Finanzgebilde hat keinen neuen Entscheidertypus hervorgebracht, niemanden, der Konsequenzen aus den Widersprüchen zieht, niemanden, der ernsthaft über eine ethisch ausgerichtete Revision des Kapitalismus nachdenkt.

Damit wird der Riss zwischen Wirtschaftslenkern und Bevölkerung zusehends tiefer. Aufgeklärte, kritische, vor allem aber bewusste Bürger stehen dem alten Denken der Managerkaste gegenüber – oder, schärfer formuliert, dem Realitätsverlust der Eliten.

Das erwachende Bewusstsein der Massen gehört zu den wichtigsten Entwicklungen der Gegenwart. Das meine ich durchaus auch im pragmatischen Sinne. Plötzlich werden Institutionen infrage gestellt, um deren Aufgaben sich zuvor niemand große Gedanken gemacht hatte. Über die Deutsche Bahn zu klagen, hat Tradition. Doch neuerdings wird laut darüber nachgedacht, ja nachgefragt, warum eigentlich ein Transportunternehmen, das dem Gemeinwohl zu dienen hat, an die Börse gehen oder ein anderes Unternehmen in England übernehmen will. Stimmen werden laut, die den damit verbundenen Sparkurs und die erlebten und täglich gemeldeten Sicherheitsmängel in einen Zusammenhang stellen.

Die Ökonomisierung gesellschaftlich wichtiger Institutionen ist zutiefst zwiespältig. Während Schüler ohne Fahrkarte selbst bei winterlicher Extremkälte am nächsten Bahnhof aus dem Zug geworfen werden, verfolgen die Verantwortlichen gebannt die Börsenkurse. Dass sie für einen Dienst am Menschen da sind und diesen zu gewährleisten haben, wird ihnen zurzeit eindringlich klargemacht: von wütenden Kunden, klagenden Leidtragenden und von den Medien. Sie wissen, dass eine gefährliche Entkoppelung stattgefunden hat: Der wirtschaftliche Erfolg und die Kompetenz als Dienstleistungsunternehmen werden von den Managern nicht mehr als Einheit gesehen, sondern als Widerspruch. Der Blickwinkel hat sich auf den Gewinn hin verlagert.

Genau das ist es, was immer mehr Menschen durchschauen. Sie fragen sich, warum eigentlich Umsätze permanent gesteigert werden müssen. Und warum Gewinne nicht in die Verbesserung der Dienstleistung investiert, sondern als Rendite ausgezahlt werden.

Es sind solche Bewusstwerdungsprozesse, die eine neue Form von Öffentlichkeit entstehen lassen und künftig den Rahmen abstecken werden, innerhalb dessen die Handlungsspielräume die Wirtschaft neu bestimmt werden.

Dass bereits jetzt ein allgemeiner Bewusstseinswandel Gestalt annimmt, erleben wir täglich. Wenn wir beispielsweise einen Supermarkt betreten, fällt ins Auge, dass sich etwas verändert hat: Immer mehr Bioprodukte liegen neuerdings in den Regalen. Noch vor zwanzig Jahren waren solche Erzeugnisse nur in winzigen, schlecht beleuchteten Läden zu finden, überteuert, in unscheinbarer Aufmachung. Heute kann es sich keine Lebensmittelkette mehr leisten, auf das Angebot von Bioware zu verzichten. Völlig selbstverständlich tritt sie nun in

Konkurrenz zu konventionellen Produkten, attraktiv verpackt und erschwinglich. Ihr Umsatz steigt von Jahr zu Jahr.

Wie auch immer man den gesundheitlichen Nutzen beurteilen mag: Hinter dem Bioboom steht ein massives Umdenken des Verbrauchers. Er informiert sich in einschlägigen Medien, kennt Nährwert- und Schadstoffanalysen und greift lieber zu Lebensmitteln, in denen er weder Hormone, Pestizide noch genmanipulierte Grundstoffe vermutet. Ernährung ist zu einem exponierten gesellschaftlichen Thema geworden, und die Debatten darüber sowie das veränderte Kaufverhalten dokumentieren eindrucksvoll: Aus einer Randerscheinung ist ein Massenphänomen geworden, eine Bewegung geradezu. Entschieden wird über das Angebot dort, wo eingekauft wird, und die Zahlen lassen eindeutige Rückschlüsse darüber zu, dass immer mehr Menschen ihre Lebensqualität umweltbewusst reflektieren.

Ein Lebensmittelkonzern, der diesen Trend ignoriert, wird auf Dauer nicht am Markt bestehen können. Konzernsprecher, die unbehelligt etwa für genmanipuliertes Getreide werben, wird es in Zukunft nicht mehr geben. Millionen von Verbrauchern sind aufgewacht und fordern die Abkehr von denaturierter Nahrung. Darauf einzugehen, ist keine ideologische Frage, sondern eine existenzielle.

Die Zeiten des selbstherrlichen Auftretens von Mächtigen jedenfalls sind ein für alle Mal Vergangenheit. Eine zweite Gekko-Ära wird es nicht geben.

Das bekam auch einer der mächtigsten Konzerne der Welt zu spüren, der Mineralölmulti BP. Er konnte schlicht nicht mehr vermitteln, was er angerichtet hatte: Als Konzern, der täglich Millionengewinne machte, sparte er an einer vergleichsweise preiswerten Sicherheitsvorkehrung bei der Offshore-Förderung. Früher wäre das nichts Besonderes gewesen, und auch einen Störfall hätte man hingenommen – gehörten Unfälle doch lange zu den akzeptierten Risiken der Industriegesellschaft. Man wusste ja: In einer technologisch hochgerüsteten Branche wie der Mineralölindustrie gab es immer eine Lösung des Problems. In der Terminologie der Konzerne ausgedrückt sprach man dann von Schadensbegrenzung.

2010 ist alles anders. Aus der Explosion der Bohrinsel und dem nachfolgenden Leck im Golf von Mexiko wird die größte Umweltkatastrophe des neuen Jahrtausends und zugleich die größte Imagekatastrophe in der Geschichte globaler Konzerne. Unzählige Menschen verfolgen täglich die Nachrichten über das Desaster, sehen Bilder der Ölpest, der verendeten Fische, der vergifteten Küstenstreifen. Die üblichen PR-Aktionen des Verursachers verfehlen ihre Wirkung. Präsident Obama zeigt sich zwar hemdsärmelig im Krisengebiet und macht Versprechungen, an die er vermutlich selbst nicht glaubt. Auch Manager treten auf, die beteuern, man werde alles in den Griff bekommen. Doch die Bevölkerung weiß: Es ist die Stunde der Medienberater, die dafür sorgen sollen, dass die Aktienwerte nicht allzu sehr leiden. Bilanzen und Börsenkurse stehen für die BP-Manager auf dem Spiel – nicht etwa die Wasserqualität, das Leben der Meerestiere, das Wohl der Menschen.

Einmal mehr klafft das Bewusstsein von Bevölkerung und Entscheidern empfindlich auseinander. Während freiwillige Helfer Wasservögel retten, treten BP-Sprecher vor die Kameras, die ein effektives Krisenmanagement versprechen. Niemand jedoch traut ihnen noch. Die Öffentlichkeit wendet sich ab. Als dann der Verantwortliche bei BP zurücktritt, auf Druck der Öffentlichkeit, wird das unmittelbar als Täuschungsmanöver entlarvt. Denn Tony Hayward, der eine Reihe dramatischer Fehlentscheidungen getroffen hat, wird nicht etwa in den Ruhestand geschickt. Vielmehr entsendet man ihn in die Golfstaaten, damit er zahlungskräftige Investoren gewinnt, die den angeschlagenen Konzern wieder liquide machen sollen.

Es gibt viele Beispiele für das Auseinanderfallen von öffentlichem Bewusstsein und wirtschaftlichem Machterhalt. Die BP-Katastrophe von 2010 aber zeigt den Mechanismus auf eine symptomatische Weise: Eine substanzielle Katharsis oder ein Umdenken finden nicht statt. In den Vorstandsetagen denkt man bald schon laut über neue Bohrungen im Golf von Mexiko nach. Nicht nur den unmittelbar betroffenen Menschen führen die Vorfälle die rücksichtslose Gewinnsucht der Konzerne vor Augen. Während weltweit die Forderung erhoben wird, von einer ökologisch bedenklichen Energiegewinnung Abstand zu nehmen, verharren die Ölmanager in ihrem System finanzieller Interessen. Schlimmer noch: Nach dem ersten Schock erwacht die erneute Gier.

Warum erreicht der Bewusstseinswandel nicht auch die Chefetagen der Multis? Warum sind sie wie gefangen im Netz ihrer begrenzten Wahrnehmung? Für die Indifferenz der Schlüsselfiguren steht ein Bild, das sogleich um die Welt geht: Am Tag, nachdem man ihm die Verantwortung entzogen hat, lässt sich BP-Manager Tony Hayward bei einer Regatta nahe der Isle of Wright fotografieren. Ein Heer von Kamerateams und Fotografen ist dabei, als er unbekümmert sein luxuriöses Segelboot besteigt. Gut gelaunt lächelt er in die Kameraobjektive, vor der Küste Großbritanniens, weit weg von der Katastrophe.

Haywards Verhalten war eine Provokation. Oder vielmehr ein Anachronismus. Denn er hatte noch immer nicht begriffen, dass die persönliche Moral der neue Standard ist, an dem Führungsfiguren gemessen werden. Das Bewusstsein der Bevölkerung ist zu hoch entwickelt, um noch an die Symbolkraft von Rücktritten und Entschuldigungen zu glauben. Man will Zeichen persönlicher, ethisch begründeter Betroffenheit – und sieht einen Mann, der sich sichtlich erleichtert in seine private Rolle zurückfallen lässt. Er wolle »endlich sein Leben wiederhaben«, sagt Hayward gerade in jenem Moment, als er seine

Position verlässt und den Platz räumt. Unmut macht sich da breit, selbst bei den politisch Verantwortlichen. Richard Shelby etwa, der Senator Alabamas, der sich mit den Folgen der Ölpest auseinandersetzen muss, spricht aus, was viele denken: Haywards Verhalten sei »der Gipfel der Arroganz«.

Ich habe sehr genau hingesehen, als Tony Hayward von einer Ungeschicklichkeit in die nächste stolperte. Nicht aus Schadenfreude, sondern weil er einen Managertypus repräsentiert, der dem Untergang geweiht ist. Schuldgefühle oder Verantwortungsbewusstsein waren ihm nicht anzumerken, genauso wenig wie Mitgefühl für all jene, die von der Katastrophe ins Elend gerissen wurden. Auf Dauer aber werden Arroganz und Machtlust nicht ausreichen, um einen großen Konzern zu führen. Auch der Rückzug ins Private, wenn gravierende Fehler offenbar werden, wird nicht mehr hingenommen werden.

Tony Hayward steht für eine Haltung von Managern, die meinen, alleinherrschend zu sein, die glauben, sich abkoppeln zu können vom großen Ganzen, um des eigenen Egos willen. Dies wird sehr bald schon nicht mehr mit dem Bild des aufgeklärten Managers vereinbar sein, das die Gesellschaft immer lauter, immer vehementer einklagt. Nie standen Wirtschaftsführer unter derart genauer, schonungsloser Beobachtung wie heute. Es wird nicht mehr lange dauern, bis der Erfolg eines Unternehmens von der moralischen Integrität seiner Manager abhängt. Haywards Verhalten dagegen ist Ausdruck des alten Denkens. Er orientierte sich noch an dem, was der Gründer und ehemalige Präsident des International Forum on Globalization, Jerry Mander, einmal in seltener Freimütigkeit so formuliert hat: »In Anbetracht der Regeln des unternehmerischen Handelns ist es absurd, vom Verantwortlichen eines Unternehmens moralisches Verhalten zu verlangen.«

Ganz ähnlich sieht es der deutsche Ökonom Prof. Hans-Werner Sinn, Präsident des ifo Instituts für Wirtschaftsforschung: »Die Wirtschaft ist keine ethische Veranstaltung. Wer sich ihr mit moralischen Ansprüchen nähert, hat die Funktionsweise der Marktwirtschaft nicht verstanden.« Die Kälte solcher Sätze macht frösteln, gleichzeitig wirken sie seltsam altmodisch. Sie gehören in das Ideengebäude der achtziger Jahre, in die Schleiflackkulissen des ersten »Wall Street«-Teils. In ihnen drückt sich die Ignoranz und Arroganz der Zeit vor der Finanzkrise aus, die Überzeugung, dass Wirtschaft und Ethik für die Kaste der Entscheider unvereinbar seien.

In meinen Ohren klingen diese Sätze nicht nur grell, sondern auch vertraut. Denn einst gehörte ich selbst zur Liga jener, die sich als unhinterfragbare Elite wähnten und dachten, dass sie sich nicht lange mit Moral aufhalten müssten. Das war ebenfalls in den achtziger Jahren, zu einer Zeit, als ich im Schnelldurchgang eine glänzende Karriere bei Time Life absolvierte. Ich durchlief alle hierarchischen Stufen des Systems, bis ich dort angelangt war, wohin mich eiserner Wille und brennender Ehrgeiz führen sollten: an die Spitze, auf die Chefposition des weltweiten Buchgeschäfts.

Dies bedeutete nicht nur Macht, sondern auch Privilegien ganz neuer Art. Erstmals machte ich Bekanntschaft mit dem System von Boni und Aktienoptionen, dem Wunder der scheinbar selbsttätigen Geldvermehrung. Denn die »Stock Options«, im Deutschland der siebziger Jahre noch völlig unbekannt, entpuppten sich als eine Goldgrube. Time-Life-Aktien, die ich für eine Option von 19 Dollar bekam, waren schon wenige Jahre später 95 Dollar wert. Das System: Man löst die Option ein – für 19 Dollar – und verkauft in der gleichen Minute – für 95 Dollar. Für die Ziehung der Option benötigt man ganz kurzfristig Geld, das jede Bank sofort zu leihen bereit ist, da sie die Optionserlöse als Sicherheit hat. Für einen Mann Anfang dreißig war das geradezu märchenhaft. So machte ich mein erstes kleines Vermögen.

Ein New Yorker Kollege, dem ich meine Verwunderung eingestand, dass allein die Boni höher als mein Gehalt seien, erklärte mir lächelnd: »You don't make money by working, you make money by deals« – Du verdienst kein Geld mit Arbeit, reich wirst du nur durch Geschäfte. Es war wie ein Rausch. Ohne es zu durchschauen, richtete sich meine geistige Energie nur noch darauf, diese Regel zu beherzigen. All mein Denken, meine volle Konzentration richtete ich auf die Steigerung meiner Boni. Bis ich bemerkte, dass ich dadurch meine Seele und mich selbst an den Konzern verkaufte.

Viele Jahre lang steuerte ich das internationale Buchgeschäft des damals größten Medienkonzerns der Welt. Ein neuer weltweiter Bildungshunger verschlang so ziemlich alles, was Time Life anbot. Doch die Welt veränderte sich und damit auch die Bedürfnisse der Leser. Nicht alles, was aus den USA kam, hatte noch die einstige Anziehungskraft. Verzweifelt gründete ich verschiedene europäische Verlage, um Bücher zu entwickeln, die speziell auf die jeweiligen Länder abgestimmt waren. Vergeblich machte ich Vorschläge, wie man durch neue Konzepte und Kreativität an die einstigen Erfolge anknüpfen könnte. Meine Interventionen waren nicht mehr erwünscht.

Die Controller hatten die Macht übernommen, gesichtslose Manager, denen es gleichgültig war, ob sie mit Büchern oder Autos handelten. Das Gesetz des Geldes torpedierte jedes engagierte inhaltliche Konzept. Investitionen in außergewöhnliche Ideen waren nicht gefragt, aktuelle Zahlen und Bilanzen waren das Einzige, was zählte – im wahrsten Sinne des Wortes. So gingen die Kreativen und Engagierten, übrig blieb der Mainstream.

Es war das erste Mal, dass ich begriff, wie verhängnisvoll das Diktat der Ökonomie ist und damit das Diktat von Effizienz, Konkurrenz und Konformität. Ich erlebte, wie ein ganzer Konzern das aufgab, was ihn groß und erfolgreich ge-

macht hatte, und sich völlig anderen Geschäftsbereichen zu-
wandte. Man eignete sich Bereiche an, von denen niemand etwas verstand, die aber eine größere Rendite versprachen. Dafür wurde die Seele des Unternehmens aufgegeben und
verkauft. Ähnlich absurd wäre es heute, wenn der Spiegel-
Verlag ins Pay-TV-Geschäft einsteigen oder Apple Konkurrenz machen wollte.

Dabei hätte es einfache Lösungen gegeben: kreativer werden, bessere Ideen haben, neue Produkte und Geschäftsfelder
weiterentwickeln. Doch Time Life verspekulierte sich mit der
Internetfirma AOL und in Hollywood, was in Milliardenver-
lusten endete. Heute ist der Konzern nur noch ein Schatten
einstiger Größe. Der Aktienkurs von Time Life ist heute nied-
riger als vor fünfundzwanzig Jahren. Das einst größte Buch-
unternehmen der Welt hörte sieben Jahre nach meinem Ausscheiden auf zu existieren.

Ich habe damals viel gelernt. Ich erfuhr, wie destruktiv es
ist, wenn inhaltsgetriebene Firmen zu seelenlosen Apparaten
werden. Und ich sah aus nächster Nähe, wie widersinnig es
ist, wenn Finanzmanager die Handlungsspielräume diktieren
und welchen gesundheitlichen Preis die Mitarbeiter bezahlen.
Und noch etwas kam zutage: Es gibt keine abstrakten Systeme, es sind immer Menschen, die diese Systeme prägen und
durchsetzen. In meinen Auseinandersetzungen mit dem Management erkannte ich, dass es einer bestimmten Persönlichkeitsstruktur bedurfte, um derart rigoros, ignorant und rücksichtslos zu agieren wie die Controller. Sie begriffen gar nicht,
was sie anrichteten, weil ihnen wesentliche Eigenschaften
fehlten: Empathie, soziale Intelligenz, vernetztes Denken.

Ihre Mentalität lässt sich als altes Bewusstsein beschreiben:
Dieses verharrte auf der niederen Stufe von Verstand und Ratio und war nicht in der Lage zu erfassen, was sich jenseits ihres abgesteckten Kontextes ereignete. Solche Controller waren unfähig zu erkennen, dass auch ein großer Konzern wie

Time Life letztlich ein lebendiger Organismus ist, geprägt von Tausenden einzelnen Begabungen und Kompetenzen, eingebettet in die globale Mediengesellschaft und ein essenzieller Teil davon. Bedenkenlos kauften sie, was rasch Renditen erhoffen ließ, ebenso bedenkenlos zerstörten sie Bereiche, die erst langfristig erfolgreich zu sein versprachen.

Meine Geschichte hat mich gelehrt, dass das alte Bewusstsein auf der persönlichen Ebene beginnt und eng mit einem unreflektierten Ego verknüpft ist. Die Mentalität eines Gordon Gekko und die Rechtfertigungen eines Jerry Mander verkörperte ich selbst viele Jahre lang mit dem Eifer eines Zöglings der Harvard Business School. Erst spät erkannte ich, dass es auch mein großes Ego und ein gewaltiger Machtinstinkt gewesen waren, die mich steuerten, ja, durchaus Gier. Doch das Time-Life-System jener Jahre brauchte Aufsteiger, die unbedingt die Nummer eins sein wollten. Es lebte von deren Energie und Machtwillen.

Nach und nach erst begriff ich, wie hoch der Preis für meinen Aufstieg war. Ich erlebte, dass ich alle meine geistigen und ethischen Ansprüche verleugnen musste, da ich immer stärker beherrscht wurde von ganz anderen Fragen: Wie steigere ich Umsatz und Gewinn? Wie vergrößere ich Marktanteile? Wie erobere ich neue Bereiche? Das blieb nicht ohne Spuren. Obwohl man mich zu meiner Position beglückwünschte, fühlte ich mich zunehmend müde und ausgelaugt.

Es war keine körperliche Erschöpfung. Nur undeutlich zunächst spürte ich, dass mein Auftreten als harter Manager viele andere Seiten meines Ichs ausblendete. Meine Seele atmete nicht. Stattdessen zog mich ein stetig wachsender Lebensstandard in seinen Bann. Viel Geld verdienen, permanent um die Welt jetten, in den teuersten Hotels wohnen und nur in den besten Restaurants speisen – längst war ich in diesen geradezu verführerischen Sog geraten. Das Haben und das Sein verloren ihre Balance: Ich wollte nur noch haben, mein Sein war von untergeordneter Bedeutung. Ich identifizierte mich mit dem Äußeren und hielt das, was ich tat und erreichte, für meine Identität.

Es war offenbar mein Schicksal, dass ich alle Phasen eines entfesselten Egos durchleben musste, bevor sich mein Bewusstsein transformierte – auch wenn ich mich bereits früh zur Aufbruchstimmung der sechziger und siebziger Jahre hingezogen gefühlt hatte. Die Hippiebewegung, das Flower-Power-Lebensgefühl, das Musical »Hair«, in dem das Zeitalter des Wassermanns angekündigt wurde – das war für mich, den ehrgeizigen Verlagsmann, eher eine faszinierende Gegenwelt gewesen. Mit meinem Leben, mit meinem Beruf schien das nicht vereinbar zu sein, schließlich musste ich täglich den Überlebenskampf in einem großen Konzern bestehen. Diese Konflikte überstiegen allerdings bald meine Kräfte, da niemand mehr meinen Bücherenthusiasmus teilte.

Als sich abzeichnete, dass es keine inhaltliche Debatte mehr über Bücher geben würde, zog ich die Konsequenz: Nach jahrelangem zermürbendem Kampf gegen Bosse, die sich ausschließlich finanziellen Prioritäten verpflichtet fühlten, verließ ich Time Life nach zwölf Jahren, resigniert, frustriert und ausgebrannt. Und doch wusste ich sehr genau, was ich tat, als ich dem Konzern den Rücken kehrte. Es war der Endpunkt eines langen inneren Prozesses.

Von Jahr zu Jahr waren mir Zweifel hinsichtlich der ökonomischen Strategien von Time Life gekommen, die mich zunehmend in eine Sinnkrise hatten stürzen lassen. Da ich im Äußeren keine Antworten mehr gefunden hatte, machte ich mich schon während meiner erfolgreichen Zeit im Medienkonzern auf die Suche nach Antworten in meinem Inneren. Ich meditierte und erlernte die Kunst des Yoga, beschäftigte mich mit New Age und fernöstlichen Lehren. Damals waren solche Interessen für einen Manager ausgesprochen ungewöhnlich. Man behielt sie besser für sich, wie eine bizarre Leidenschaft. Heute sind Managerseminare ohne Yoga-Treatments und ganzheitliche Meditationskurse kaum noch denkbar – da hat sogar in dieser Szene ein starker Bewusstseinswandel stattgefunden.

Immer deutlicher spürte ich, dass durch diese spirituellen Erfahrungen mein Bewusstsein erwachte, während auf der Konzernebene ein rein materielles Bewusstsein gefordert war. Die Reflexion meines Ichs, meines Egos, ließ sich nicht mehr ausblenden, und die Erkenntnis, dass es viele fremde Meinungen und Gedanken waren, die ich mir zu eigen gemacht hatte und fälschlicherweise für meine eigenen hielt. Beim Begründer der Analytischen Psychologie C. G. Jung las ich, wie komplex die Persönlichkeitsstruktur ist und dass das Ich im Gegensatz zum Selbst vor allem von Identifikationen geprägt ist. Daneben stellt Jung das persönliche Unbewusste, das sich aus meist verdrängten Erfahrungen der Vergangenheit speist.

Auch von den Schatten, den dunklen Seiten der Persönlichkeit, hatte ich bei Jung erfahren. Das erwachte Bewusstsein dagegen, so lernte ich es in der Meditation, war frei von diesen Schichten – reines Sein, der Gegensatz zum Machtstreben, zum Hadern, zum Planen und zur Dominanz. Damit hatte ich einen Schlüssel gefunden, mit dem sich die Arroganz der Manager und Controller erklären ließ. Es entstanden Risse in den Fassaden der Arrivierten, in denen ihre Schatten lauerten: Angst und ihre Kehrseite, die Aggression.

Neben solchen Theorien waren es Bücher über neues Denken, die mir weitere Impulse gaben, Bücher, die spirituelle Lehren und systemtheoretische Ansätze erstmals in Beziehung setzten. Richtungweisend war ein Vortrag von Frederic Vester mit dem Titel »Vernetztes Denken« gewesen. Sein Buch »Denken, Lernen, Vergessen« war schon Ende der siebziger Jahre ein Bestseller. Der Biochemiker und Systemtheoretiker Vester entwickelte darin erstmals das Modell eines vernetzten Wirkungsgefüges, in dem alles mit allem über Rückkopplungen verbunden ist. Seine Idee des Netzes war revolutionär: Sie löste das lineare Denken ab. Statt der einfachen Kausalität von Ursache und Wirkung, die isoliert vom Ganzen stattfindet, betonte Vester die Komplexität eng verwobener Systeme.

Daraus ergaben sich völlig neue Ansätze für die Organisation von Arbeit, für gesellschaftliche Veränderungen, auch für die Ökologie. Über ein Jahrzehnt später führte Vester seine Gedanken konsequent in der Untersuchung »Leitmotiv vernetztes Denken. Für einen besseren Umgang mit der Welt« fort. Mir war unmittelbar klar, dass er ein Gegenmodell auch für die rigiden Managementmethoden bereithielt, die mich immer mehr abstießen. Ich ahnte, dass Vesters Art des Denkens eine neue Epoche einläuten würde, in der wirtschaftliche Steuerungsprozesse menschlicher, achtsamer und mit Blick auf das große Ganze erfolgen würden.

Viel Zeit ist seither vergangen, und doch sind Vesters Gedanken heute aktueller denn je. Sie werden sich in dem Maße verbreiten, in dem der simple Materialismus ausgedient hat und ein Prozess des Erwachens einsetzen wird. Entscheidend wird sein, ob die Managerelite sich diesem Denken öffnen kann. Es geht um die Transformation des Egos, das eine Karriere ermöglicht hat, einer moralisch motivierten Unternehmensführung aber im Wege steht. Dass dies eine langwierige Entwicklung ist, ein Umdenken in vielen kleinen Schritten, das habe ich selbst erfahren.

Die Lektion, die ich während meiner ersten Kontakte mit der Welt der Spiritualität erhielt, klang einfach und war doch unerhört schwierig umzusetzen: Ich sollte loslassen, um etwas hinzuzugewinnen. Es schien ein Paradoxon, das sich mir nur allmählich erschloss. Meine Erziehung und Ausbildung hatten mir nahegelegt, sich durch Leistung Dinge anzueignen, dazu Kompetenzen, Macht, Besitz. Mein Ich wurde vom Ego beherrscht und von seinem Hang zur Kontrolle. Im Beruf drückte sich dies in Führungspositionen aus, im Privaten durch Besitz und Status. Hätte man mir als jungem, aufstrebendem Verlagsangestellten geraten, ich sollte loslassen, so hätte das massive Ängste erzeugt. Vielmehr wollte ich alles an mich binden, Menschen, Gegenstände, Einfluss.

Als ich dann als internationaler Time-Life-Chef gegen meinen beginnenden Burn-out zu kämpfen hatte, wurde ich mit einem gänzlich anderen Prinzip konfrontiert. Mit einigem Erstaunen nahm ich zur Kenntnis, dass speziell die östlichen Weisheitslehren dazu raten, Kontrolle abzugeben und Ballast abzuwerfen. Damit war auf der äußeren Ebene der materielle Besitz gemeint, an dem ich zweifellos hing. Noch schwieriger jedoch erschien mir, was auf der inneren Ebene geschehen sollte: den seelischen und geistigen Ballast abwerfen, der das Bewusstsein gefangenhält. Genau das sei meine Aufgabe, riet man mir. Ich solle versuchen, in einen fließenden Austausch mit dem Universum zu gelangen.

Einen größeren Kontrast zu meiner rationalen Businesswelt hätte es kaum geben können: Hier die überschaubaren Abläufe, Strategien und Diagramme, die sich allein auf Produkte und Märkte beschränkten, demgegenüber an etwas Höheres zu denken, an die Ganzheit all dessen, was mich umgab, bis hin zum Universum – das lag außerhalb meiner Vorstellungskraft.

Eine erste Ahnung, dass solch ein energetischer Austausch mit dem Universum tatsächlich möglich ist, erhielt ich in Esalen, dem großen spirituellen Zentrum an der Küste Kaliforniens. Dorthin war ich gereist, um den Ort kennen zu lernen, der den Geist des New Age hervorgebracht hatte. Der Name Esalen rührt von einem Indianerstamm her, der einst in dieser Gegend lebte und dessen schamanische Traditionen sich bis in die Gegenwart erhalten haben. Noch immer ist der Landstrich um Big Sur eine Begegnungsstätte für Querdenker, Künstler und Wissenschaftler, die sich vom Genius Loci inspirieren lassen. Das Esalen Institute, 1962 gegründet, versteht sich als humanistische Denkfabrik und Zentrum für transformative Praxis, an dem interdisziplinär geforscht wird. Alles findet sich hier berücksichtigt: Naturwissenschaft, Geisteswissenschaft, Spiritualität.

Selten habe ich den »Spirit« einer Bewegung so stark gespürt wie in Esalen. Die Natur ist spektakulär; bizarre Felsmassive reichen bis an die Küste, wo sich heiße Schwefelquellen ins Meer ergießen. In der archaisch anmutenden Landschaft fühlt man die Kraft der Schöpfung. Für mich ist es daher kein Zufall, dass an diesem Ort bahnbrechende Bücher entstanden und dass sich Denker wie Fritjof Capra und Schriftsteller wie Henry Miller von dieser Umgebung angezogen fühlten. Ein überwältigendes Schauspiel, wie die dampfenden Schwefelwasser direkt aus den Bergen in den Pazifik fließen und die Besucher in sogenannten »hot tubs«, in die das Heilwasser geleitet wird, baden. Daneben stehen Massagetische, auf denen die legendären Esalen-Massagen angeboten werden.

Von diesen Massagen hatte ich gehört. Die »Practitioners«, wie die Masseure genannt werden, sprechen von der »Kunst der bewussten Berührung«. Dabei soll durch fließende Bewegungen eine tiefe Entspannung einsetzen, die Atmung harmonisiert werden, damit sich am Ende ein völlig neues Körperbewusstsein einstellt. Energetische Blockaden sollen gelöst und der Mensch in seiner Ganzheit erlöst werden.

Eine Massage dauert etwa zwei Stunden, doch sobald ich mich auf einer der Liegen ausstrecke, verliere ich jedes Zeitgefühl. Ich werde eins mit dem, was ich wahrnehme: das Anrollen der Meereswellen sowie die »long strokes«, lange Streichbewegungen vom Fuß bis zur Schulter im Rhythmus der Landschaft und der fließenden Energien. Ich habe das Gefühl, mich völlig aufzulösen, ohne mich zu verlieren. Mein Geist öffnet sich, alle Gedanken, die um meinen Job kreisen, fallen von mir ab.

Es sind Momente, in denen ich begreife, dass der Verstand nur einen kleinen Teil des Bewusstseins ausmacht. Und dass das Ich gefangen bleibt, solange wir es für ein Synonym des Egos halten. Etwas in mir befreit sich, ähnlich wie beim Yoga. Dort habe ich mehrfach erlebt, wie die Gedanken nach und nach zum Schweigen kommen, wie sich der Kopf entleert und das Jetzt seine ganze Energie entfaltet. Ähnlich ergeht es mir in Esalen. Plötzlich verstehe ich: Erkenntnis ist nur zu erreichen, wenn man bereit ist zur Selbsterkenntnis.

Erfahrungen mit Meditation folgen. Schicht um Schicht trage ich die Schlacken ab, die mein Selbst umgeben: erlerntes Wissen, fremde Werturteile, falsche Bedürfnisse. »Das Selbst ist die eigenschaftslose reine Wirklichkeit«, schreibt der indische Meister der Selbsterforschung, Ramana Maharshi. »Wenn alle Gedanken zur Ruhe gekommen sind, bleibt das reine Bewusstsein zurück.« Das Selbst und das Bewusstsein sind für ihn die Schlüssel des wahren Ichs, und in der Meditation gelingt es mir zuweilen, tatsächlich den Kern dieses ureigenen Ichs freizulegen.

Diese nachhaltig beeindruckenden Erfahrungen lassen meine Neugier wachsen, ich will mehr über die Theorien erfahren, die in Esalen ihren Anfang genommen haben. Fritjof Capras Kultbuch »Wendezeit« habe ich bereits gelesen, nun beschäftige ich mich mit Ken Wilber, dem Begründer der Integralen Theorie. Auf einzigartige Weise verknüpft Wilber Philosophie, Wissenschaft und Religion zu einem Netz, in das er mystische Erlebnisse und den Geist der Meditation einfließen lässt.

Wie Capra integriert er östliche Weisheitslehren in sein Denken. Wilbers philosophische »Theorie von allem« überschreitet die Grenzen der westlichen Reflexion. Als »Geist« bezeichnet er daher nicht nur den Verstand, sondern das transzendente Bewusstsein, und der Kosmos ist für ihn nicht nur der materiell sichtbare Weltraum, sondern die Gesamtheit allen Lebens.

Genau danach habe ich gesucht – nach einer Erklärung existenzieller Zusammenhänge, die einzelne Forschungsrichtungen bündelt und überschreitet. Es wird eine enorm wichtige Lektüre für mich, den Suchenden. Im Grunde habe ich mich immer als ein kompatibles Mitglied der smarten Welt des Managements gesehen, jetzt aber erwacht der Querdenker und Freigeist in mir. Als ich aus Esalen zurückkehre, bin ich wie verwandelt. Mir sind die Augen geöffnet worden, und umso eindringlicher spüre ich, dass die Methoden des Controlling, der Menschenführung und letztlich die gesamte Firmenphilosophie von Time Life mit einer sich verändernden Welt international nicht Schritt halten können.

Die Rentabilitätsmodelle, nach denen verfahren wird, ersticken jeden kreativen Impuls. Eine Atmosphäre der Furcht und des Opportunismus vergiftet das Arbeitsklima. Weder nach außen noch nach innen spielt Verantwortung irgendeine Rolle. Meine Persönlichkeit spaltet sich: Während sich mein Bewusstsein völlig im Klaren darüber ist, welche Fehler gemacht werden, muss ich nach den falschen Prinzipien handeln, wenn ich meinen Job nicht verlieren will.

Diese Spaltung zermürbt mich. Regelmäßig kehre ich nach Esalen zurück, weil ich dort meine Energiequelle gefunden habe. Die Klarheit und Unendlichkeit der grandiosen Landschaft überträgt sich dann sofort wieder, und es ist, als ob meine Seele gesundet. Doch solange ich mich den Usancen beuge, die man für effektives Management hält, verfliegen die Energien rasch wieder. Wie innen, so außen, heißt es im Yoga. Also muss das Außen geändert werden, und zwar radikal.

Die deprimierenden Erfahrungen bei Time Life führen zu dem Entschluss, ein eigenes Unternehmen zu gründen, eines, das den Menschen in den Mittelpunkt stellt statt der Rendite. Es soll ein Unternehmen sein, das zwar wirtschaftlich stark und autark ist und sich am Markt behauptet, andererseits aber einen fairen Wettbewerb betreibt: durch Kreativität, Schnelligkeit, Mut und Risikofreude – und ich will die Nummer eins werden.

Anders als in meiner Konzerntätigkeit definiere ich mich als Impulsgeber für eine bessere Welt. Das Ziel ist hochgesteckt: Ich will dazu beitragen, den nachfolgenden Generationen eine lebenswerte Welt zu hinterlassen. Innerhalb weniger Jahre übernehme ich mit Hilfe eines Partners zehn Verlage, die alle tief in den roten Zahlen stecken und teilweise von ihren Besitzern aufgegeben worden sind. Ich saniere sie, fusioniere sie, gebe ihnen eine neue Identität und führe sie in wirtschaftlich stabile Zonen.

Das geschieht in einem atemberaubenden Tempo, und manch einer nennt mich deshalb einen Hasardeur. Anerkannt wird immerhin, dass ich mit meinem ungewöhnlichen Vorgehen Erfolg habe, inhaltlich und finanziell. Außerdem bemerken viele Konkurrenten mit einiger Verwunderung, dass meine Mitarbeiter außergewöhnlich motiviert und loyal sind. Was sie nicht sehen, ist, dass ich den Geist meiner spirituellen Erfahrungen auch als Geschäftsführer umsetze. Ich richte beispielsweise einen speziellen Yoga-Raum ein und lasse Lehrer für meine Mitarbeiter kommen. Auch Vesters Ideen der Vernetzung und der Synergien spielen eine große Rolle für meine Unternehmenskultur. Alle Türen stehen immer offen, es gibt einen lebendigen Austausch der Ideen.

Doch meine Konflikte mit den Repräsentanten des alten Bewusstseins sind noch nicht vorbei. Als ich die Verlagsgruppe Ullstein Heyne List aufbaue, gelange ich irgendwann an einen Punkt, an dem ich die nötigen Investitionen nicht mehr aus eigener Kraft tätigen kann. Zwar bin ich in der Lage, die Verlage erfolgreich zu führen, doch das Volumen immer umfangreicherer Kredite, die nötig sind, ist nur mit einem mächtigen Partner zu realisieren. Anders könnte ich nicht weiter gegen die Bastionen des Kapitals, die potenten Mitbewerber in Form großer Buchkonzerne, bestehen.

So binde ich mich an einen großen Medienkonzern, nicht ahnend, dass sich mein Dilemma wiederholen würde. Es gibt in diesem Konzern keine Leidenschaft für das Buch, keine Lobby für das Buchgeschäft. Wieder wird meine inhaltliche Arbeit von Controllern begrenzt, wieder gerate ich in die Falle der ökonomischen Gesetze – bis ich einmal mehr den Kampfplatz verlasse.

Selbst als ich anschließend den kleinen Pendo Verlag kaufe, entkomme ich nicht dem System. Während ich an jenem folgenreichen Buchmesseabend das Dinner auf Schloss Kronberg verlasse, muss ich mir eingestehen, dass ich mit meiner hohen Ambition gescheitert bin. Es ist kein ökonomisches Scheitern. Die Bilanzen stimmen, mein Verlag hat eine gesunde finanzielle Basis. Auch die Inhalte stimmen und bringen mir viel Anerkennung ein. Um das alles zu erhalten, müsste ich jedoch wieder die alten Bahnen beschreiten: expandieren, Kredite aufnehmen, mithalten beim Poker um Buchrechte, Konkurrenten verdrängen ...

Mein Dilemma war ein systemisches: Solange ich mich in den gängigen ökonomischen Strukturen befand, war ich zum Wachstum verurteilt. Wachstum jedoch war ein Synonym für Entfremdung, denn es war nur zu leisten, indem ich mich in finanzielle Abhängigkeiten begab. Genau das wollte ich nicht mehr. In den besten Zeiten meiner eigenen Verlage hatte ich meine persönliche Ethik verwirklichen können. In einem weiteren Sinne hatte ich darauf geachtet, welche Konsequenzen mein Handeln für das große Ganze hatte. Mehr als einmal fragte ich mich: Wo kann ich positive Prozesse in Gang setzen? Welche Ideen sollte ich befördern? Und darüber hinaus: Was kann ich tun, um niemandem zu schaden? Aus meiner spirituellen Dimension heraus setzte ich moralische Standards. Dabei erhob ich mich über niemanden und wollte nicht Recht haben aus Prinzip, wie zu alten Zeiten, als mein unreflektiertes Ego keine andere Meinung zuließ. Vielmehr ging es mir um den Einklang mit mir selbst, mit meinen Mitarbeitern, letztlich auch mit der universalen Idee der Ganzheit.

Was das Buchgewerbe betrifft, so sind diese Leitlinien natürlich nach außen längst nicht so sichtbar wie bei Unternehmen, die direkt in die ökonomischen und ökologischen Großkreisläufe eingreifen. Energiekonzerne beispielsweise agieren an den ökologisch neuralgischen Punkten und sind entsprechend sichtbar. So stellt sich die Frage, ob diese Unternehmen es sich auf Dauer leisten können, offen rücksichtslos zu handeln. In unserer Mediengesellschaft lässt sich nichts mehr verheimlichen. Skandale und Katastrophen zirkulieren heute als Nachricht fast zeitgleich rund um die Welt. Das Gros der Bevölkerung findet sich nicht mehr mit der Arroganz der Ökonomen ab und fragt nach der Legitimation von Konzernen, die keinen Hehl aus ihrer Ausbeutungsstrategie machen.

Josef Wieland, Direktor des Konstanzer Instituts für Werte Management sowie des Zentrums für Wirtschaftsethik und Begründer der »Governance-Ethik«, meint daher: »Firmen müssen in Moral investieren, wenn sie ihr Verbleiben in der Gesellschaft und damit im Markt sicherstellen wollen.« Insofern wird es spannend sein zu sehen, wie sich ein Konzern wie BP auf Dauer behaupten wird. Denn die Anzeichen mehren sich, dass es keinerlei Anlass gibt, zur Tagesordnung überzugehen.

Der »Cliff Report«, eine Studie angesehener Umweltaktivisten, sagt voraus, dass die Schäden des Öllecks im Golf von Mexiko noch jahrelang, vielleicht jahrzehntelang wirksam sein werden. Ihr Szenario für den Öl-Super-GAU ist hochbrisant: Sie sind davon überzeugt, dass große Bevölkerungsteile der USA umgesiedelt werden müssten. Das werde zu bürgerkriegsähnlichen Zuständen führen, mit Millionen Toten. Diese Destabilisierung bleibe nicht auf die Vereinigten Staaten begrenzt, sondern könne durchaus auf andere Kontinente übergreifen. Mentale Verheerungen, ausgelöst durch eine umfassende Vertrauenskrise, verbreiteten sich dann durch die globalen Medien schnell wie ein Flächenbrand.

Der »Cliff Report« spricht darüber hinaus eine »Lösung« an, die zunächst in Geheimdossiers und dann offen diskutiert wurde: Aus Hilf- und Ratlosigkeit war der Einsatz einer Atombombe am Meeresboden erwogen worden. Die Explosion hätte das Leck unter Sand und Gestein begraben. Man nahm also prinzipiell in Kauf, dass der anschließende Fallout die Region langfristig kontaminiert und unbewohnbar gemacht hätte.

So sehen die Strategien der Arroganz aus, mit der die Verantwortlichen einer Katastrophe Einhalt gebieten wollten. Aber sie haben nicht mit der Macht des bewussten, transformierten Kunden gerechnet. Wir erinnern uns: Das Unglück des Tankers »Exxon Valdéz«, der vor Alaska auf ein Riff lief und eine Ölpest und damit eine der größten Umweltkatastrophen der Seefahrt auslöste, brachte 1989 den Ölkonzern Esso an den Rand des Ruins: weil niemand mehr an den Esso-Tankstellen anhielt. Und als der Shell-Konzern 1995 die ausgediente Bohrinsel »Brent Spar« im Meer versenken wollte, wurde der öffentliche Druck durch spektakuläre Greenpeace-Aktionen so groß, dass stillgelegte Bohrplattformen seither an Land entsorgt werden müssen. International organisierte Kaufboykotte können heute weltweit Wirkung zeigen, die bis hin zu existenzbedrohenden Verlusten führen können.

Heute sind es nicht nur ein paar wenige Umweltaktivisten, die BP anprangern. Wir alle sind es, die unsere Welt als zusammenhängendes ökologisches Gebilde sehen, dessen Gesetze respektiert werden müssen. Wer am alten Denken und an alten Strukturen festhält, wird auf Dauer nicht angesichts einer bewussten Öffentlichkeit überleben können. Schon die Tatsache, dass BP jetzt eine 30-Milliarden-Dollar-Rücklage für eventuelle Unfälle bildet, ist der Angst vor der Rache des Verbrauchers geschuldet. Endlich hat BP verstanden: Der transformierte Verbraucher ist mächtiger als jeder Konzern.

Diametral dazu stehen die finanziellen Auswirkungen des Vorfalls am Golf. Die bittere Pointe im Juli 2010: Als sich das Gerücht verbreitet, BP könne das Leck nun möglicherweise schließen, schießen die Aktien des Konzerns in schwindelnde Höhen. Börsenprofis sichern sich bereits im Vorfeld Aktien und verzeichnen am Ende des Monats immense Kursgewinne. Sie setzen gewissermaßen auf den Bonus einer Katastrophe, gemäß der Regel, dass solche Ereignisse große finanzielle Chancen bieten. Das heißt: Sie profitieren von dem Umweltdesaster, und zwar in Größenordnungen, die das Volumen der Rettungsmaßnahmen vor Ort weit übersteigen.

Das Gefüge aus Gier, Ignoranz und Spekulation, das sich hier in aller Offenheit ausbreitet, hat nichts mehr mit der Idee einer sozial verträglichen Marktwirtschaft zu tun. Weit entfernt ist das so gern beschworene Zusammenspiel von Unternehmertum, Gesellschaft und Natur. Die Politik des Hand-in-Hand-Arbeitens, das Bewusstsein, aufeinander angewiesen zu sein, schwindet merklich. Der ehemalige CDU-Politiker Norbert Blüm bemerkte einmal dazu: »Viele Konzernmanager verstehen sich als Filialleiter der Börse. Diese neoliberalen Yuppies verwüsten unsere partnerschaftliche Unternehmenskultur.«

Für mich ist das Verhalten der BP-Chefs ein Alarmsignal. Die Menschen, die in die Umweltkatastrophe involviert sind, besitzen offenbar keinerlei Bewusstsein für die Konsequenzen ihres Handelns. Sie haben das moralische Empfinden für das, was man tut und was man nicht tut, verloren. Richtig und Falsch haben für sie keine Bedeutung mehr. Sie haben keinen Blick für das große Ganze, dem sie dienen sollten, dem sie stattdessen nachhaltig schaden. Sie sehen nur ihren engen Handlungsrahmen und erkennen nicht, dass alles mit allem verbunden ist – im guten wie im schlechten Sinne. Stattdessen sorgen sie sich vorrangig um ihre eigene Position, um ihr Fortkommen, um ihre Karriere – von ihrem Ego und von der Gier getrieben.

Sie werden sich nicht mehr lange an ihren kurz getakteten Erfolgen erfreuen können, die auf Dauer dem Planeten schaden. Das einundzwanzigste Jahrhundert ist bislang gekennzeichnet durch eine hohe Sensibilität gegenüber ethischem Fehlverhalten. Es ist, als ob immer mehr Menschen geradezu seismografisch spüren, dass hinter einzelnen Katastrophen eine Tendenz sichtbar wird, die in einer finalen Katastrophe enden könnte. Das senkt die Toleranzschwelle. Viele ahnen, dass es nur noch weniger Tropfen bedarf, um das Fass zum Überlaufen zu bringen.

Dabei haben wir uns an Krisen aller Art längst gewöhnt. Die gesamte Geschichte unserer Zivilisation ist geprägt von Katastrophen, Kriegen, Zusammenbrüchen. Mächtige Reiche steigen auf und gehen unter, hoch entwickelte Kulturen gelangen zu großer Blüte und verfallen. Das »Stirb und Werde« scheint alle lebenden Abläufe zu bestimmen. Und mit jeder überwundenen Katastrophe festigt sich die Gewissheit, dass ein Neubeginn jederzeit möglich sei. So wurde auch die Idee eines Weltuntergangs zum vertrauten Begleiter.

Heute jedoch stellt sich das Bild anders dar. In der globalisierten Welt sind Krisen nicht mehr regional begrenzt. Immer wieder warnen daher Gesellschaftskritiker und Umweltschützer vor der Rücksichtslosigkeit, mit der heute ökonomische Interessen durchgesetzt werden. Sie prangern an, dass es zu wenig regulierende Kräfte und Kontrollen gebe, die dem wirtschaftlichen Expansionsdrang Schranken setzen. Geschehen ist allerdings wenig. Wo die Macht ist, dort nistet auch der unbedingte Wille zum Machterhalt. Dieser Logik wird das gesamte Handeln untergeordnet, und so kommt es zu fatalen Fehlentscheidungen.

Die Umweltzerstörung vor der Haustür der USA ist nur ein Indiz mehr dafür, dass unsere Systeme aus der Balance geraten sind. Längst hat sich das Abwägen zwischen Nutzen und Risiko zugunsten des Risikos verschoben. Weder Wirtschaft noch Politik sind jedoch in der Lage, adäquat zu reagieren, wenn die Risiken unkalkulierbar werden. Wir haben die Grenzen der Machbarkeit erreicht, die Grenzen des Wachstums, die Grenzen des westlichen Kapitalismus.

Was am dringlichsten fehlt, ist das Bewusstsein der Entscheider für die Vernetztheit allen Lebens auf der Erde. Sie wollen nicht wahrhaben, dass jeder ihrer Eingriffe Folgen für das Ganze haben wird. Wenn ich eben mein spirituelles Erwachen schilderte, so tat ich es im Hinblick auf die Blindheit der Manager, die erst wieder sehen können, wenn sie zumindest ansatzweise einen Sinn für die vernetzte Welt entwickeln. Ich glaube, dass dieses Krisenmanagement ausgedient hat. An seine Stelle werden transformierte Konzepte treten, und sie werden nicht formuliert werden können ohne spirituell begründete Haltungen wie Respekt, Achtsamkeit, Nachhaltigkeit und Verantwortung.

Dies wird zu einer radikalen Neudefinition wirtschaftlicher Prozesse führen. Andernfalls werden wir bald ohne Ressourcen auskommen müssen, ohne giftfreie Lebensräume, ohne sozial stabile Strukturen. Niemand weiß, ob wir in dieser Situation überhaupt werden überleben können. Oder ob unsere Lebensgrundlage dann für immer zerstört ist.

Schon in den siebziger Jahren hat der »Club of Rome« diese Entwicklung vorausgesehen. »The Limits to growth«, in der deutschen Ausgabe »Die Grenzen des Wachstums« hieß die Studie, die ein Team von engagierten Wissenschaftlern, Ökonomen, Theoretikern und Umweltschützern 1972 veröffentlichte. Eindringlich warnte diese nichtkommerzielle Organisation vor dem monokausalen Denken der Technokraten, vor ihren Allmachtsfantasien, in denen Risiken völlig ausgeblendet wurden. Sie mahnten an, die künftigen Generationen einzubeziehen und daran zu denken, dass sie die Folgen der entfesselten Industrialisierung würden tragen müssen: Umweltzerstörung, ausgelaugte Böden, vergiftete Meere.

Dennis L. Meadows, der Chef des Autorenteams, war ein brillanter Kopf. Alles, was er in der Studie aufzählte, bewahrheitet sich heute: Die Ressourcen werden knapper, Öl, Gas und Kohle, aber auch Wasser, Rohstoffe und Nahrungsmittel. Alles ist begrenzt – und wird doch verschleudert. Selbst die optimistischeren Prognosen besagen, dass das Öl nur noch etwa vierzig Jahre reicht. Weit dramatischer sind die Statistiken über die Wasservorräte. In den fünfziger Jahren gab es für jeden Menschen auf der Erde 17.000 Kubikmeter Wasser, 1999 waren es nur noch 7000 Kubikmeter. Im Jahr 2020 werden es noch ganze 4000 Kubikmeter sein.

Der Kampf um das Wasser hat bereits begonnen, in jenen Zonen, in denen man auf Bewässerung angewiesen ist. Und ein weiterer Schauplatz im Wettrennen um die Ressourcen ist bereits auszumachen: Es fehlt an Agrarland. Weltweit sind Investoren unterwegs, um fruchtbares Land zu kaufen, denn viele Länder fürchten eine bevorstehende Lebensmittelknappheit und sehen sich andernorts nach geeigneten Anbauflächen um. Allein Saudi-Arabien kaufte 2009 eine Fläche von 25.000 Hektar Land im Sudan, wo Reis und Weizen gedeihen können. Dort befinden sich nach Information der Vereinten Nationen schon eine halbe Million Hektar Agrarflächen in ausländischem Besitz. Ein Land also, das selbst Hilfe aus dem Welternährungsprogramm der UN erhält, veräußert sein kostbares Ackerland.

Es ist sehr wahrscheinlich, dass diese Entwicklungen dazu beitragen werden, dass es in naher Zukunft kein Wasser und keine Lebensmittel mehr für die Allgemeinheit geben wird. Bald schon könnte die Versorgung zusammenbrechen. Die Implosion der Systeme wird schnell erfolgen, und sie wird einen harten Phasenübergang in eine neue Epoche ankündigen. Auch wenn diese Szenarien von offizieller Seite verschwiegen werden – die Menschen spüren, dass sich ein Umbruch ankündigt. Und sie reagieren darauf. Survival

Guides haben Konjunktur, auch Bücher wie »Checkliste 2012«, in denen es um das Überleben nach der finalen Katastrophe geht. Die Botschaft ist unmissverständlich: Wir alle müssen uns geistig, seelisch und praktisch vorbereiten auf das, was noch kaum vorstellbar ist: das Ende unserer gewohnten Lebensformen.

Die Ressourcenverknappung zeigt sich schon jetzt bei seltenen Rohstoffen, die man braucht, um den technologischen Fortschritt aufrechtzuerhalten. Lithium beispielsweise, für Laptops benötigt, kommt vor allem in Südamerika und China vor. Bei Wolfram, erforderlich für medizinische Geräte, beherrscht China den Weltmarkt: 84 Prozent des weltweiten Bedarfs werden dort erzeugt. Bei Neodymium, einem unverzichtbaren Bestandteil von Computerfestplatten, kommen gar 97 Prozent aus China. Dies sind die Schlachtfelder der Zukunft, auf denen über das Schicksal unzähliger Menschen entschieden werden wird.

»The Limits to growth« wurde zum Kultbuch. Doch der Appell an Politik und Wirtschaft, ein einziger Hilferuf, verhallte. Auch wenn sich seither ein gewisses Umweltbewusstsein entwickelte, so haben doch nur Wenige verstanden, worum es den Wissenschaftlern wirklich ging: Sie forderten ein radikales Umdenken. Vor allem aber forderten sie ein neues Bewusstsein. Heute sehen wir, wie nötig es ist. Es reicht nicht aus, ein System rücksichtsloser Ausbeutung natürlicher und menschlicher Ressourcen mit kosmetischen Korrekturen zu versehen.

Das System selbst steht auf dem Prüfstand: die Priorität von Expansion und Wachstum, die Machtkonzentration multinationaler Konzerne, die visionslose Politik, die immer mehr zum Handlanger wirtschaftlicher Interessen wird. Umdenken ist mehr als eine Reparaturmaßnahme. Es erfordert ein neues Bewusstsein für die Welt, wie wir sie geschaffen haben. Neue Richtlinien und Gesetze werden wenig ausrichten können, solange die Selbstreflexion des Systems und die Selbstreflexion der Entscheider ausbleiben.

Die Mitglieder des »Club of Rome« waren nicht die Einzigen, die die Zeichen der Zeit erkannten. 1996 erschien in Frankreich das aufsehenerregende Buch »L'horreur économique«. Es wurde auch in Deutschland unter dem Titel »Der Terror der Ökonomie« sofort ein Bestseller. Auf ebenso einfache wie prophetische Weise beschreibt die Autorin Viviane Forrester, wohin wir driften: in eine Ära, in der sich alles dem Kreislauf des Geldes unterwirft. Letztendlich zähle nur noch Kapital – und derjenige, der es besitze und investieren könne. Die Botschaft des Buches war nicht zu überhören: Mit dem Terror der Ökonomie würden auch die menschlichen Werte verlorengehen, so fürchtete die Autorin.

Dieses Buch habe ich damals mit einiger Erregung gelesen. Vieles darin wirkte vertraut, denn schon früh hatte ich ja bei Time Life erfahren, was es heißt, sich in ökonomische Systemzwänge zu begeben. Heute erkenne ich dieses Prinzip in allen Bereichen. Eine beispiellose Ökonomisierung aller Arbeits- und Lebensformen hat eingesetzt. Geld zu verdienen ist zur Ultima Ratio geworden, zur einzigen Motivation.

Geist und Geld bilden einen Gegensatz, der sich zunehmend verschärft. Die Konsequenzen sind überall sichtbar: Firmen verlassen ihre Kernkompetenz, die Ideen der Mitarbeiter werden missachtet, inhaltlich ausgerichtete, gar visionäre Manager haben keinen Raum mehr. Was ich bei Time Life früh beobachten musste, ist mittlerweile zu einem allgemeinen Handlungsmodus geworden. Profitieren aber können nur die Handelnden an der Spitze, die oft nichts weiter im Sinn haben als den nächsten Bonus, die nächste Kurssteigerung, den nächsten Coup. Noch profitieren also jene, die sich der Gier verschrieben haben.

Immer wieder bin ich verblüfft, wie wenige Protagonisten des Establishments wirksam dagegen protestieren. Abgesehen von Globalisierungsgegnern wie Attac oder anderen kritischen Gruppen erhebt kaum jemand aus den Reihen der Manager die Stimme. Wo sind all die gut ausgebildeten »High Potentials«, die doch mit Leichtigkeit die Problematik ihres Tuns durchschauen könnten? Wo bleiben die wortmächtigen Vertreter des Systems, die am genauesten dessen Brüche erkennen könnten?

Sie sind nicht da. Es ist, als sei das gesamte Denken einer ökonomischen Formatierung unterzogen worden. Dieses Denken kennt keine Alternativen. Es verharrt in der Variation des Bestehenden, und niemand wagt es, sich ganz andere Modelle vorzustellen: ein auf Nachhaltigkeit und Gerechtigkeit beruhendes Wirtschaftssystem, ein gesellschaftliches Miteinander ohne die Kälte des Konkurrenzkampfes, eine Politik der echten Chancengleichheit.

Die Gründe sind komplex. Ein wichtiger Faktor aber ist auszumachen: Die Politik kann keine Korrektive mehr anbieten. Der bekannte Kolumnist David Brooks erörterte kürzlich in der »New York Times«, dass die USA bald schon unregierbar werden würden. Seine Argumente leuchteten mir unmittelbar ein. Viele Jahre habe ich in diesem Land verbracht und erlebt, wie es in den Strudel von Machtinteressen und Lobbyverbänden geriet und wie der Einfluss der Politik immer schwächer wurde. Die Illusion, dass dieses einst hoffnungsvolle Land noch zukunftsfähig oder gar ein Modell für andere Nationen sein könnte, schwindet.

Brooks hielt sich nicht lange mit Entschuldigungen auf. Die Katastrophen, die die USA heimsuchten, habe das Land selbst verursacht. Sehenden Auges sei hingenommen worden, dass die Demokratie von wirtschaftlichen Interessen unterwandert wurde, bis der politische Handlungsspielraum quasi nicht mehr existierte. Die Ölkatastrophe im Golf bilde diese Entmachtung der Politik auf eindringliche Weise ab. Nicht die Regierung ziehe das Gesetz des Handelns an sich, lieber überließe man ausgerechnet dem Verursacher der Ölpest die Aufgabe, Gegenmaßnahmen einzuleiten. Dass diese unter ökonomischen und nicht unter ökologischen Gesichtspunkten erfolgten, dürfte den Politikern klar gewesen sein.

Spätere Generationen werden sich möglicherweise an das Jahr 2010 als einen Moment unserer Zivilisation erinnern, in dem die Erosion aller Werte offen zutage trat. In der Tat: Wir leben in seltsamen Zeiten. Wir haben immer mehr Kommunikationsmedien, dennoch sind viele Menschen einsam. Wir kaufen immer mehr Dinge, und doch werden wir dadurch nicht glücklicher. Wir spüren, dass unsere Zivilisation nicht nur fehleranfällig ist, sondern gravierende Fehler tagtäglich macht. Dennoch wissen wir nicht, wie und was wir ändern sollen. Wie gelähmt schauen wir zu, klagen vielleicht an oder protestieren, fühlen uns aber ratlos und bleiben ohnmächtig zurück.

Doch an den Rändern der Gesellschaft, dort, wohin der lange Arm der Ökonomisierung nicht reicht, formiert sich eine Gegenbewegung. Sie fordert ein radikal neues System. Ausgelöst wurde diese Bewegung durch Philosophen, Wissenschaftler, Ökologen und spirituell geläuterte Vordenker. Sie erkannten die Notwendigkeit des geistigen Wandels in den realen Bedeutungswechseln: Wohlstandsträume hatten sich in Besitzgier gewandelt, das harmonische Verhältnis zur Natur in einen rücksichtslosen Raubbau, die marktregulierenden Kräfte des Finanzwesens in Vernichtungsstrategien.

Alles, was unsere Zivilisation einst starkmachte, wendet sich nun gegen sie. Ein Beben hat die Weltgesellschaft erfasst, unmerklich noch für jene, die sich nach wie vor auf der Sonnenseite wähnen. Doch die Erschütterungen werden stärker, die Strukturen bröckeln, unaufhaltsam. Damit einhergehend verwandelt sich der Kapitalismus immer offener in eine geradezu kriegerische Taktik. Sie ist von globaler Bedeutung, denn sie betrifft nicht ein Teilsystem, sondern die gesamte Weltbevölkerung. Der indische Bauer ist davon genauso betroffen wie der US-amerikanische Mittelständler, der in einen Schuldensog gerät.

Niemand kann sich seiner wirtschaftlichen und damit auch persönlichen Existenz mehr sicher sein. Jeder ist dem globalen Wirtschaftssystem ausgeliefert. Allmählich nun setzt sich die Erkenntnis durch, dass diese Tendenz zu international wirkenden Kettenreaktionen von höchster Ambivalenz ist, weil jede Krise das gesamte System erfasst. Dieses Weltsystem ist hochempfindlich gegenüber Störungen, die sich durch Rückkopplungen noch verstärken. Die Immobilienkrise in den USA beispielsweise, ausgelöst durch ungedeckte und weiterverkaufte Kredite, steigerte sich rasch zu einer Implosion des internationalen Kreditwesens. Umso wichtiger wäre es, über wirkungsvolle Präventionen nachzudenken, die die wellenartige Ausbreitung von Krisensymptomen verhindern.

Es gehört jedoch zu den Begleiterscheinungen des globalen Kapitalismus, dass sein Krisenmanagement unweigerlich neue Krisen erzeugt. Absatzflauten etwa werden nicht mit neuen wirtschaftlichen Konzepten beantwortet, sondern mit der Aufforderung, einfach noch mehr zu konsumieren. Niemand zieht den Schluss, dass ein verändertes Kaufverhalten zu strukturellen Neuausrichtungen führen müsste. Stattdessen herrscht Angst vor Stagnation. Die positive Dynamik solcher Entwicklungen wird verkannt, und die Furcht vor einer Abwärtsspirale aus Preisverfall und weiterer Konsumzurückhaltung mündet in eine einfache Strategie: Neue Kaufanreize müssen geschaffen werden.

Damit wird uns ein Kaufzwang auferlegt, der inzwischen absurde Züge annimmt. Ein besonders sinnfälliges Beispiel ist die Krise der Autoindustrie. Sie könnte mit neuen Produktstrategien und veränderten Arbeitsprozessen beantwortet werden – das jedenfalls wäre ganz im Sinne des Marktgesetzes von Angebot und Nachfrage. Produkte, die niemand mehr kaufen will, sollten eben auch nicht mehr in solchen Mengen produziert werden. Die sogenannte Abwrackprämie dagegen, entstanden aus einer Allianz von Industrie und Politik, steht für das genaue Gegenteil. Eine Konsumoffensive wurde gestartet, subventioniert vom Steuerzahler, der sich von den angekündigten finanziellen Vorteilen täuschen ließ.

Was dann geschah, wissen wir: Fahrtüchtige Autos wurden verschrottet, ein kurzfristiger Run auf Neuwagen setzte ein – nachhaltige Effekte jedoch konnten nicht erzielt werden. Die Abwrackprämie war eines der Strohfeuer, die der Kapitalismus entfacht, um zumindest phasenweise seine Funktionstüchtigkeit unter Beweis zu stellen.

Was ist das für eine seltsame Welt, die nur dann funktioniert, wenn wir permanent irgendetwas kaufen? In der immerzu Bedürfnisse geweckt werden müssen, die in nichts den wahren menschlichen Bedürfnissen entsprechen? Wer wäre je glücklich durch ein neues Auto, einen neuen Kühlschrank oder ein neues Handy geworden? Und doch machen sich neuerdings Politiker zu Komplizen einer Industrie, die sich weigert, ihre eigenen Strategien zu überdenken.

Es kann nicht Aufgabe einer demokratisch gewählten Regierung sein, dass sie die Bürger anfleht, Dinge zu kaufen, die sie nicht brauchen. Der Finanzkollaps war damit ohnehin nicht aufzuhalten. Was aber leichtfertig über Bord geworfen wurde, war das Grundprinzip der Demokratie: einen Staat so zu organisieren, dass er seinen Bürgern sichere Rahmenbedingungen beschert; ein Gemeinwesen zu formen, das humane Ziele verfolgt und Visionen eines friedlichen, wirtschaftlich ausgeglichenen Zusammenlebens.

So ist es bezeichnend, dass Millionen von Autos systematisch zerstört wurden, damit neue gebaut werden konnten. Mich erinnert das an den zynischen Kommentar, den ich während meines Studiums an der Harvard Business School hörte. Damals verkündete ein Professor mit größter Selbstverständlichkeit: »Der Kapitalismus braucht regelmäßig Kriege, damit alles vernichtet wird und die Menschen anschließend wieder verstärkt konsumieren, um alles wieder aufzubauen.«

Die Abwrackprämie ist ein eindringliches Beispiel dafür, dass der Kapitalismus mittlerweile Krieg führt – gegen jene, die ihn ungefragt am Leben erhalten müssen. Der Konsument wird zum Opfer, denn er zahlt, verschuldet sich und lebt an seinen wahren Bedürfnissen vorbei. Aber nicht er profitiert von seinem sinnlosen Handeln und Konsum, sondern jene Unternehmen, die ihm ihre Produkte aufdrängen.

Dabei gibt es durchaus Lichtblicke: Der Autokonzern GM etwa schaffte es aus einer Talsohle heraus, indem er eine neue Produktpolitik entwarf: Er stellte die Produktion von Autos ein, die einen extrem hohen Energieverbrauch haben. Dass damit auch der »Hummer«, jenes panzerartige Gefährt verschwinden wird, das lange zu den begehrten Statussymbolen gehörte, lässt hoffen. Nicht eine Absatzkrise des »Hummers« nämlich führte zu der Entscheidung, vielmehr war den Verantwortlichen klar, dass sie ein umweltfreundliches Signal setzen mussten – es war ein Stück Symbolpolitik, um GMs gesellschaftliche Akzeptanz zu stärken.

Das ist die seltene Ausnahme – dass ein Konzern ein neues Bewusstsein fördert und umsetzt. Vereinfacht gesagt: Heute stehen sich kurzfristiges Profitdenken und Nachhaltigkeitskonzepte diametral gegenüber. Momentan wird noch häufig zugunsten des kurzfristigen Profits entschieden. Dabei ist es höchste Zeit, grundsätzlich zu fragen: Was ist das Ziel des wirtschaftlichen Handelns? Schnelle Gewinne zu machen – oder darauf zu achten, dass das, was man tut, langfristige Stabilität erzeugt und Ressourcen schont?

Mit dieser Problematik verknüpft ist ein weiterer Gegensatz: die Polarität von sozialer Gerechtigkeit auf der einen und dem Shareholdervalue auf der anderen Seite. Dieser Gegensatz wird in Deutschland besonders erbittert diskutiert.

Die Shareholder-Value-Anhänger meinen, dass der, der investiert, auch die höchste Rendite erhalten sollte. Ziel und Zweck der Investition ist dementsprechend die reine Gewinnmaximierung für wenige. »The winner takes it all«, heißt die Kardinalregel in diesem Spiel, das mehr Verlierer als Gewinner kennt.

Die Gegner des Shareholdervalue-Prinzips argumentieren, dass wirtschaftliches Handeln den Sinn haben müsse, eine gerechte Gesellschaft zu schaffen und diese durch Verteilung des erwirtschafteten Kapitals zu befrieden – andernfalls eskalierten die sozialen Spannungen. In der Tat ist es vermutlich nur noch eine Frage der Zeit, wann die Schere zwischen Arm und Reich so weit auseinanderklafft, dass die Verlierer auf die Straße gehen.

Von jeher habe ich mich gefragt, ob diese – grob skizzierten – Alternativen wirklich die einzigen Auswege aus der aggressiven Vorherrschaft des Kapitals sind. Letztlich verharren beide im System und entwerfen kein wirkliches Gegenmodell. Denn ganz gleich, wie der Profit verteilt wird, ob gerecht oder ungerecht: Er beruht auf den immer gleichen Rahmenbedingungen, auf Überproduktion, Wachstum, Konsum, Spekulation. So kam ich zu der Überzeugung, dass wir eine grundsätzliche Abkehr von herkömmlichen Denk- und Handlungsmustern brauchen. Keine halbherzige Beseitigung von Störfaktoren, sondern einen dritten Weg.

Es gibt diesen dritten Weg, und er führt durch eine Phase umfassender geistiger Transformation. Ich bin davon überzeugt: Werte wie Achtsamkeit, Mitgefühl und Respekt werden den Konkurrenzkampf und die Ausbeutungsmentalität ablösen. Mein Optimismus ist darin begründet, dass ich diese Transformation selbst erlebt habe. Und das, obwohl ich lange meinte, dass es keine Schnittstellen zwischen ökonomischem Handeln und Spiritualität geben könne. Bis ich den Mut hatte, eine ganz persönliche Bilanz zu ziehen. Ich schaute in den

Spiegel, und was ich sah, beunruhigte mich: War es nicht geradezu absurd, dass ich im Stillen ein neues Bewusstsein erwachen ließ, während ich nach außen hin ein Akteur des alten Bewusstseins blieb?

Ich verstand, dass meine Transformation mehr bedeutete als eine Frage der persönlichen Befindlichkeit. Auf einmal sah ich die Welt mit anderen Augen. Ja, ich konnte mich dem System entziehen. Und wenn ich es konnte, dann sollte das auch im größeren Rahmen möglich sein. So las ich die Bücher neu, die mich auf meinem spirituellen Weg begleitet hatten. Ich erkannte, dass darin verborgene Anleitungen zu finden waren, das erwachende Bewusstsein zu einer großen Bewegung zu formen. Nicht als Realitätsflucht, sondern als Veränderung der Realität.

Seither habe ich mit zahlreichen Wissenschaftlern und Vordenkern diskutiert. Sie teilen mein Unbehagen über diese Fehlentwicklungen. Und wir sind uns einig, dass es Gegenmodelle gibt, die realisierbar sind. Nach und nach kristallisiert sich ein Gedanke heraus, der eine Revolution in sich trägt: Überleben werden wir nur durch eine neue geistige Energie, die dem erwachten Bewusstsein entspringt. Es ist eine schöpferische, spirituelle Energie, die einen Neubeginn ermöglichen wird.

Es wird eine Zeit kommen, in der Führungspositionen auch nach dem Kriterium besetzt werden, ob der betreffende Kandidat die innere Verbundenheit mit dem Ganzen spürt. Man wird ihn befragen, ob er sich der Einheit von Mikrokosmos und Makrokosmos bewusst ist. Und man wird ihn daraufhin prüfen, ob er persönlich sein Ego reflektiert hat, ob sein Handeln nicht der Gier, sondern einer inneren Freiheit entspringt. Nur Entscheider mit einem erwachten Bewusstsein werden das Richtige tun, wenn die Krisen in Katastrophen münden. Nur sie werden ihr Unternehmen multidimensional lenken können, im Bewusstsein der verschiedenen Kontexte, in denen es sich befindet. Sie werden gesellschaftliche, politische und ökologische Auswirkungen einbeziehen und sie mit größtem Respekt achten. Damit werden sie verwirklichen, was der spirituelle Lehrer Eckhart Tolle »erwachtes Handeln« nennt.

Bis dahin ist es ein langer Prozess. Aber nur aus dem erwachenden Bewusstsein stammen die notwendigen Impulse für achtsames, nachhaltiges Handeln. Wir werden nicht umhinkönnen, eine Verbindung von der realen Welt zur spirituellen Welt herzustellen. Es geht dabei um die Verbindung von Politik, Wirtschaft und Gesellschaft mit den geistig-spirituellen Entwicklungen. Wenn der Geist die Realität zu formen vermag, wie es uns die neuesten Erkenntnisse der Physik nahelegen, dann gewinnen wir die innere Entscheidungsfreiheit zurück, die der Mainstream vorerst noch verhindert.

Forscher wie der Quantenphysiker und Mathematiker Dr. Michael König sowie der Physiker Prof. Ernst Senkowski bestätigten vor kurzem auf einem Podium in Frankfurt, dass ein großer Paradigmenwechsel unausweichlich sei – und dass er nur durch einen Bewusstseinssprung initiiert werden könne, jenseits der logisch-rationalen Denkweise. König sprach gar von einem harten Phasenübergang, der ein neues Verhältnis zur Umwelt geradezu herausfordere.

Zugegeben, diese Sichtweise ist ungewohnt. Ernst Senkowski schlug daher vor, solch einen Sprung gedanklich zu konkretisieren: Man stelle sich vor, den Menschen vor dreihundert Jahren wäre geschildert worden, wie wir heute leben. Für einen Menschen des achtzehnten Jahrhunderts wäre es schlicht unvorstellbar gewesen, dass wir uns mit kleinen Geräten über Tausende von Kilometern hinweg unterhalten könnten, dass wir Bildern Glauben schenken, die künstlich erzeugt wurden, und dass wir Dinge kaufen, die wir nur auf einem kleinen Rechteck, dem Monitor, gesehen haben.

In hundert Jahren, so setzte Senkowski seinen Gedanken fort, werde man sich rückblickend wundern über das, was wir heute tun. Man werde nicht verstehen, warum wir uns die Lebensgrundlage entzogen haben, warum wir uns nicht gewehrt haben gegen die Anzeichen einer Selbstzerstörung der Menschheit. Das Beispiel überzeugte selbst Skeptiker. Eine solche Distanz der Betrachtung ist eine Voraussetzung für das Umdenken.

Wir müssen sehr genau hinsehen, wie es um unsere Wirklichkeit steht, und sei es aus einer projizierten zeitlichen Entfernung heraus. Dann erst können wir reale Welt und geistige Welt neu zusammenbringen. Wir erfahren das Einssein aller Dinge aufgrund der Erkenntnis, dass alles mit allem vernetzt ist. Insofern ersetzt das Paradigma des Bewusstseins das Paradigma des logischen, ergebnisorientierten Denkens, wie es für alle ökonomischen Systeme typisch ist.

Die existenziellen Fragen sind mit den traditionellen Vorstellungen von Sachverstand und Management nicht mehr zu beantworten. Das kleinteilige Kausalitätsdenken, wie es durch das Newtonsche Weltbild geprägt wurde, hat sich selbst erledigt, es ist überholt. Es funktioniert nicht mehr, weil jede Problemlösung, die allein durch Denken und Logik getrieben ist, unmittelbar weitere Probleme nach sich zieht.

Viele Theoretiker haben sich gefragt, wie wir dem Gefängnis der destruktiven Rationalität entkommen könnten. Heute weiß ich: Nur ein Bewusstseinssprung versetzt uns in die Lage, die Dinge aus einer anderen Perspektive zu betrachten und einen spirituellen Paradigmenwechsel vorzubereiten. Nur der Transfer auf eine höhere Ebene bewahrt uns davor, in den Abgrund zu stürzen. Das Ende des Denkens ist erreicht, das Ende der Klügelei und des Kalküls. Viel zu lange waren die Technokraten an der Macht, kalte Mathematiker, die Systembrüche schönrechneten und Katastrophen kleinredeten.

Damit könnte es bald vorbei sein. Ablesbar ist das unter anderem an der Karriere des Begriffs »Nachhaltigkeit«. Anfangs wurde er gern ins Lächerliche gezogen, nicht zuletzt wegen seines Ursprungs. Zunächst war er in der Forstwirtschaft gebräuchlich. Dort ist es eine eherne Regel, dass man nur so viele Bäume fällt, wie es den Baumbestand garantiert. Parallel zum Fällen wird aufgeforstet, um auf diese Weise den nachwachsenden Rohstoff zu sichern.

Es ist eine ebenso einfache wie kluge Verhaltensmaßnahme. Ökologen und Umweltaktivisten griffen sie auf und transferierten sie auf andere Bereiche. Was für den Wald richtig ist, so die Überlegung, gilt vom strukturellen Prinzip her auch anderswo: ein gesunder Zyklus von Nehmen und Geben, eine Balance von Ressourcenabbau und Ressourcenschutz. Die Idee der Nachhaltigkeit bezieht den Zeitvektor mit ein, sie denkt perspektivisch und fragt: Welche Handlungsweise wird auf Dauer Früchte bringen?

Heute ist Nachhaltigkeit ein zentraler Begriff. Es gibt kaum noch ein Unternehmen, das diesen Gedanken nicht in seiner Firmenphilosophie verankert hätte. Allerdings bleibt es oft bei Lippenbekenntnissen. Die Idee der Nachhaltigkeit verkommt dann zum Dekor, während Profit und Wettbewerbsfähigkeit weiterhin das Handeln steuern. »Greenwashing« nennt man diese Imagepflege. Das Nachrichtenmagazin »Der Spiegel« höhnte denn auch: »Wer Firmen Ethik verordnen will, käme wahrscheinlich auch auf die Idee, Heuschreckenschwärmen das Fressen zu verbieten. Ethik ist in der Wirtschaft so nützlich wie Skilifte in Ostfriesland.«

Geht es aber nicht vielmehr darum, ökonomische und moralische Prinzipien harmonisch zu verbinden? Peter Ulrich, Gründer des Instituts für Wirtschaftsethik der Universität St. Gallen und Mitbegründer des so genannten »integrativen wirtschaftsethischen Ansatzes«, setzt solchen lapidaren Verweigerungen einen weit produktiveren Gedanken entgegen: Ethik sei eine disziplinierte Form der »Orientierung im Denken«, stellt er fest. Sie sei jedenfalls keine »Sozialtechnik für gute Zwecke«.

Das klingt sehr pragmatisch und weist in die richtige Richtung. Gradmesser für echte Nachhaltigkeit sind jedoch Wahrhaftigkeit und Authentizität: Meine ich es ernst mit dem ethischen Konzept? Bin ich in der Lage, mit gutem Beispiel voranzugehen? Verzichte ich im Zweifelsfall auf einen Teil der Dividende, um Mensch und Natur zu schonen?

Die multinationalen Konzerne würden einer ehrlichen Antwort ausweichen. Der französische Soziologe Pierre Bourdieu fand schon früh deutliche Worte dafür: »Man ist dabei, die europäische Staatszivilisation zu zerstören«, sagte er. »Und das im Namen des dümmsten Gesetzes der Welt, nämlich der Gewinnmaximierung.« Die geistige Avantgarde hingegen würde die Fragen ohne Zögern bejahen. Sie lässt sich nicht mehr täuschen, weder von geschickter Imagepflege noch von angeblichen Erfolgen beim Umweltschutz. Die offiziellen Verlautbarungen und Absichtserklärungen klingen inzwischen hohl. Immer mehr Menschen spüren das. Was an den Rändern der Gesellschaft als Gegenbewegung begann, wird stärker. Die Vordenker der Gegenwart haben den Elfenbeinturm verlassen und debattieren über Wege, wie wir dem Untergang begegnen können.

Vor einiger Zeit hatte ich das große Glück, in Los Angeles einem der Pioniere des neuen Bewusstseins zu begegnen: Dr. Michael Beckwith, Gründer und Direktor des Agape International Spiritual Center. Vor über tausend Menschen hielt er eine flammende Rede, ganz ohne Manuskript. Seine zentrale Aussage: »Wir sind keine Opfer. Niemand ist ein Opfer. Wir sind verbunden miteinander und mit etwas Höherem. Es liegt allein an uns, unser Leben zu gestalten. Es gibt keine Alternative.«

Viele sind mittlerweile aufgewacht. Nun denken sie darüber nach, wie die notwendigen Veränderungen vor sich gehen werden. Über Nacht? Durch langsame Phasenverschiebungen? Die meisten Vorreiter des neuen Bewusstseins machen sich keine Illusionen über einen sanften Wandel. Sie wissen, dass Paradigmenwechsel immer durch chaotische Begleitumstände charakterisiert sind.

Alles gerät außer Kontrolle, wenn das System instabil wird, und die historischen Beispiele dafür kennen wir. Martin Luthers revolutionäre Gedanken lösten blutige Konfessionskriege aus, die sich bis in die Gegenwart ziehen, wenn in Nordirland Bomben detonieren. Die Französische Revolution entlud sich im gewaltsamen Volkszorn, in Mord und Plünderung, viele Unschuldige mussten sterben. Es folgte die Schreckensherrschaft des Robespierre, und bis die neuen Paradigmen von Freiheit, Gleichheit und Brüderlichkeit ihre Form in der Demokratie fanden, verging eine lange Zeit.

Geistige und politische Revolutionen waren stets begleitet von Unruhen, Aufständen, manchmal sogar von Kriegen. So weit wird es wohl nicht kommen. Was man aber mit einiger Sicherheit (und Sorge) voraussagen kann, sind Unruhen, ausgelöst durch Versorgungsengpässe bei Nahrung und Energie, sowie Verunsicherungen und Aggressionen, die sich machtvoll entladen werden. Unsere Zivilisation hat den Zustand leichter Verwundbarkeit erreicht. Schon ein längerer Stromausfall genügt, um das gesamte System zum Erliegen zu bringen. Transport, Kommunikation, Ernährung – ohne Elektrizität sind diese Kernbereiche nicht mehr organisierbar. Dann regiert das Gesetz des Stärkeren, und man kann nur hoffen, dass besonnene Führer auf den Plan treten, die mehr im Sinn haben, als gegen die entfesselten Massen mit autoritären oder gar militärischen Mitteln vorzugehen.

Nicht zuletzt der Klimawandel wird uns Instabilitäten neuer Art bescheren. Wir haben zu lange unbekümmert in das Ökosystem der Erde eingegriffen, jetzt reagiert unser Planet, und er reagiert mit gesteigerter Heftigkeit. Die Zahl der verheerenden Erdbeben und Vulkanausbrüche, Überschwemmungen und Tsunamis, Stürme und Hurrikane hat in den vergangenen Jahrzehnten exponentiell zugenommen. Hilflos sehen wir dem Ausmaß der Zerstörung zu, im Wissen, dass wir selbst mit rigorosen Maßnahmen nichts mehr ausrichten können. Selbst wenn der Ausstoß aller Treibhausgase und die Abholzung der Regenwälder von heute auf morgen gestoppt werden würde, wäre die Erderwärmung nicht mehr aufzuhalten.

Ganze Inselgruppen sind dem Untergang geweiht; Küstenstreifen aller Kontinente werden sich in Krisenzonen verwandeln, bedroht durch Überschwemmungen, bevölkert von Menschen, die sich auf die Suche nach neuen Lebensräumen machen werden. Es ist kaum anzunehmen, dass solche Umbruchsituationen noch ordnungspolitisch gesteuert werden könnten. Eine mechanistisch gedachte Prävention jedenfalls greift zu kurz, vom Küstenschutz bis zu Nahrungsmittelreservoirs. Die Notfallpläne und Krisenkonzepte sind den Dimensionen des Klimawandels nicht mehr gewachsen, so wenig wie den Umbrüchen, die sich durch Ressourcenverknappung oder zusammenbrechende Volkswirtschaften ergeben.

Die einzige Chance liegt in einer geistigen Prävention. Wir müssen unser Bewusstsein befreien, um einem Wandel geistig zu begegnen und ihm gewachsen zu sein. Schon bevor es zum Äußersten kommt, sollten wir uns fragen: Wie wollen wir leben? Was sind die Grundlagen der künftigen Welt? Welche Basis können wir schaffen für Ideen der Ganzheitlichkeit und der Nachhaltigkeit? Welche Konzepte der Gerechtigkeit und des sozialen Miteinanders haben wir, wenn die bekannten Strukturen versagen?

Instabilitäten bergen ernsthafte Gefahren. Die Geschichte zeigt, dass Umstürze häufig Despoten an die Macht katapultieren. Der Typus des Kriegsgewinnlers wird versuchen, aus den implodierenden Systemen einen Vorteil zu ziehen und das Faustrecht an sich zu bringen. Auch darauf müssen wir gefasst sein. Umso entscheidender wird sein, ob sich transformierte Leitfiguren auf ihre Gestaltungskraft besinnen und sich als geistige Führer positionieren können. Die Sehnsucht nach einem Wandel von innen heraus ist da – die Renaissance von Religiosität und Spiritualität ist ein sprechendes Indiz dafür.

Machen wir uns auf eine Phase der menschlichen Geschichte gefasst, die uns viele Irritationen bescheren wird. Doch wer sein Bewusstsein schult und sich dem Mainstream entzieht, wird bald entdecken, dass auch er an der neuen Energie des positiven Umdenkens teilhaben kann. Wenn das Bewusstsein erwacht, kann es energetisch wirken, über Raum und Zeit hinweg. Das Prinzip der Resonanz lässt nichts verlorengehen, was in geistigen Prozessen zunächst nur in Form der Utopie entworfen wird.

Dafür allerdings ist es nötig, dass wir die mentalen Fesseln sprengen, die unser Bewusstsein in einen Zustand der Angst und der Unselbstständigkeit versetzen. In den folgenden Kapiteln wird es daher um Symptome einer kranken Gesellschaft gehen und um die Perspektiven ihrer Gesundung.

2. KAPITEL

Von Vampiren und Avataren

*Die Medienwelten spiegeln Verunsicherung
und Sehnsucht*

Warum fühlt sich ausgerechnet ein Verleger dazu berufen, über einen geistigen Paradigmenwechsel nachzudenken? In der Tat wirke ich im Kreis von Wissenschaftlern und Forschern in gewisser Weise wie ein Exot. Allerdings verlege ich seit Jahrzehnten Bücher, und der Buchmarkt gilt als ein zuverlässiger Seismograf dessen, was auf der Welt gedacht und gefühlt wird. Für mich sind Bücher aber noch viel mehr: Manifestationen von Bewusstsein.

Literatur, seien es Sachbücher, Romane oder Lyrikbände, gibt dem Leser die Chance, sich selbst bewusst zu erfahren. Ist es ein reflektierender, suchender Leser, kann er im Jungschen Sinne die verschiedenen Schichten seines Ichs spiegeln: das von außen erzeugte Ich, das Unbewusste, das Verdrängte, die Schatten, vielleicht sogar das reine Selbst. Aber selbst jemand, der in der Lektüre einfach nur Unterhaltung oder Entspannung sucht, wird sich seiner selbst bewusster: Er entdeckt Empfindungen und Wahrnehmungen, die ihm möglicherweise verschlossen geblieben wären.

Für mich gab es immer wieder Bücher, die meinem Bewusstsein auf dem Weg des Erwachens wichtige Impulse gaben. Oft waren es Empfehlungen besonderer Menschen, die mir den Zugang zu anderen Ebenen meines Selbst öffneten. Die Meditation ließ mich zur Überzeugung kommen, dass die geistige, unsichtbare Welt die Grundlage allen Lebens ist. Daneben aber gab es Bücher, die mein Leben buchstäblich veränderten.

Mein Erweckungserlebnis war die Begegnung mit einer spirituellen Lehrerin Anfang der achtziger Jahre. Wir führten intensive Gespräche, daneben lasen wir gemeinsam, von Hesses »Siddhartha« bis zu Rilkes »Duineser Elegien«. Eine neue Welt tat sich für mich auf. Es war eine Welt der Ahnungen und Gewissheiten, die in meiner Businesswelt tabu war. Ich war damals noch egogetrieben und eindimensional, meine Gedanken waren fokussiert auf Erfolg, Leistung und Äußerlichkeiten. Doch meine Lehrerin ließ sich nicht täuschen. Während wir über Hesse und Rilke sprachen, hörte sie in mich hinein und dechiffrierte aus dem, was ich erzählte, mein wahres Ich, den Kern meines Selbst.

Ich war überrascht von dem, was sie mir zu sagen hatte. Noch überraschter war ich von dem, was unerkannt in mir geschlummert hatte: meine spirituelle Dimension. Eine religiöse Erziehung hatte ich nie genossen. Ich betrachtete mich zwar nicht als Atheisten, eher als einen Gnostiker: Weder die Existenz Gottes noch seine Nichtexistenz hätte ich unterschrieben. Unter dem Einfluss der Lektüre und der darauffolgenden Gespräche jedoch lag für mich auf der Hand, dass es etwas »Höheres« geben musste, jenseits eines simplen Materialismus. Mein Bewusstsein erwachte, zögernd erst, dann immer stärker.

Was ich damals erlebte, auch durch Bücher, war die allmähliche Loslösung von unserer künstlich erzeugten Verstandeskultur. Ich näherte mich dem eigentlichen Menschsein, das heute nur zu oft überlagert ist. Dabei war die menschliche Existenz von jeher geprägt durch die Gewissheit, dass Geist und Materie eine Einheit bilden. Seit den Anfängen des Homo sapiens bewegen wir uns in einem Spannungsfeld von Wahrnehmungen, Ahnungen und Glaubensvorstellungen, die sich in der Intuition, in Träumen und in künstlerischen Erschaffungen äußern – als Hervorbringungen des Bewusstseins.

Die Höhlenzeichnungen von Lascaux gehören zu den ältesten Zeugnissen eines magischen Weltbilds. Sie sind nicht

Kunst im heutigen Sinne, sondern Relikte einer Beschwörungsmagie. Was in den Zeichnungen von Hirschen und Bären dargestellt wurde, war das Unsichtbare im Sichtbaren – das Bewusstsein für höhere Mächte. Für den Lascaux-Menschen bestand kein Zweifel darüber, dass er über eine kosmische Einheit mit den Seelen der Tiere verbunden war. Mit Hilfe der Zeichnungen manifestierte er diese universale Verbundenheit und bezog sie in seinen religiösen Ritus ein.

Heute haben wir eine strikte Trennung von säkularer und sakraler Kunst. Doch das Transzendente, das Spirituelle und das Bewusstsein, all das ist noch immer auffindbar in Romanen, Gedichten, Filmen, selbst in Sachbüchern. Denn über das Schreiben arbeitet sich der Autor an Themen ab, die ihn im Innersten bewegen, oft unbewusst. Er schildert sie künstlerisch und prägt ihnen dadurch den Stempel seines Bewusstseins auf. Entspricht es dem kollektiven Bewusstsein, so kann er auf eine breite Wirkung hoffen.

Schon die historischen Beispiele geben uns einigen Aufschluss über die jeweiligen Befindlichkeiten. In der griechischen Tragödie beispielsweise erfahren wir viel über die Konflikte der Antike, vom menschlichen Miteinander bis hin zu politischen Schicksalsfragen. In den Romanen des achtzehnten Jahrhunderts machen wir Bekanntschaft mit den Zweifeln des erwachenden Individuums. Oft sind die Helden Suchende. Sie brechen aus ihrer gewohnten Welt aus und begeben sich auf eine lange Reise, an deren Ende sie transformiert sind. Eine feine Energieschwingung geht von diesen Werken aus, weil sie verschiedene Stadien des Bewusstseins veranschaulichen und den Leser an dieser Entwicklung teilhaben lassen.

Mich hat von jeher die Frage bewegt, warum bestimmte Bücher in bestimmten Zeiten Konjunktur haben. Als Verleger musste ich solche Lesebedürfnisse antizipieren, um am Markt erfolgreich zu sein. Daher habe ich mich immer für das interessiert, was wir den Zeitgeist nennen: Welche Hoffnungen, welche Wünsche bewegen die Menschen? Welche Ängste haben sie? Welche Themen treiben sie um? Heute verhalte ich mich anders. Ich gebe bewusst eine Richtung vor und verstärke Strömungen, die mir wichtig sind. Deshalb verschaffe ich Autoren ein Forum, die auf der Basis ihres erwachten Bewusstseins schreiben. Das allein ist mein Kriterium. Natürlich hoffe ich, dass sich möglichst viele Leser von diesem Bewusstsein ansprechen lassen, doch das ist mir eher auf einer energetischen Ebene wichtig, weniger auf der ökonomischen.

Sehen wir uns nun an, wie das Bewusstsein einer Epoche in Büchern und neuerdings auch in Filmen zum Ausdruck kommt – altes Bewusstsein, unterdrücktes Bewusstsein, erwachendes Bewusstsein. Die Bücher und Filme unterscheiden sich auf den ersten Blick von dem, was wir als offizielle Geistesgeschichte kennen. Die Geschichte des Verstandes und des Wissens ist bekannt. Weit aufschlussreicher für den Zustand einer Gesellschaft aber ist es, ihre verschiedenen Bewusstseinsstufen aus den Erfolgsbüchern herauszulesen.

Das Faktische und das Transzendente, die Vernunft und die Erfahrung sind völlig unterschiedliche Sphären. So können wir die Gesellschaft des beginnenden zwanzigsten Jahrhunderts, ihre politischen und soziologischen Bedingungen, aus Quellen aller Art recht genau rekonstruieren. Wie das gesellschaftliche Klima aber den Einzelnen prägte, wie bedrohlich etwa die aufkommende Bürokratie auf ihn wirkte, das erfahren wir nicht aus Geschichtsbüchern, sondern aus Werken wie dem Franz Kafkas. In Romanen wie »Das Schloss« lesen wir von der Paranoia und den Ohnmachtsgefühlen, die das Individuum angesichts einer anonymen bürokratischen Machtstruktur entwickelt.

Was die Industrialisierung zur gleichen Zeit betrifft, so liegen Statistiken, historische Beschreibungen und Zahlenwerke aller Art vor. Wie unheimlich aber dem Menschen die neuen Maschinen und die Übermacht der technischen Produktionsanlagen waren, führt der Film »Metropolis« von Fritz Lang vor. Er zeigt die Arbeiter als Opfer, zu Robotern degradiert, dem Takt der Maschine ausgeliefert. Und er beschwört den neuen Typus des Maschinenmenschen in Gestalt einer künstlich erschaffenen Frau.

Sowohl Kafka als auch Lang sind Chronisten einer anderen Art von Menschheitsgeschichte, oder anders ausgedrückt: Sie sind Seismografen der menschlichen Seelen- und Gefühlslagen ihrer Zeit. Sie selbst arbeiteten auf einer hohen Bewusstseinsstufe, gleichermaßen kritisch und schöpferisch. Ihnen ist zu verdanken, dass sie das erwachende Bewusstsein in Sprache und Bildern – die ja auch eine Sprache, die Bildsprache, darstellen – verdichteten, die bis heute gültig sind: das Bewusstsein dafür, dass es bedrohliche gesellschaftliche Entwicklungen gibt, die artikuliert werden müssen. Bücher und Filme können also die Geschichtsschreibung des Unbewussten, der Gefühle, auch der Defizite einer Zeit sein. Und als solche ebnen sie dem erwachenden Bewusstsein den Weg.

Die Geschichten, die sie erzählen, erlauben Einblicke in den Menschen als Ganzheit. Wer subjektiv erzählt, trennt nicht zwischen Soziologie, Psychologie, Politik oder Ökonomie; er schildert vielmehr die Totalität des Erlebens. Und er macht zugänglich, was in keiner Chronik verzeichnet ist: eine seelische Landkarte der ungestillten Sehnsüchte. Im besten Falle lassen sich Bücher und Filme daher als Entwürfe für ein besseres Leben lesen, selbst da, wo sie rabenschwarz malen. Sie lenken die Aufmerksamkeit auf das, was meist nicht explizit ausgesprochen werden kann und nur durch Erzählen deutlich wird. Mit anderen Worten: Bücher und Filme entwerfen eine Bewusstseinsrealität, in der das Geistige und auch das Spirituelle einer Gesellschaft sichtbar werden, nicht nur das Materielle.

Wenn ich die erfolgreichsten Bücher und Filme der vergangenen Jahre betrachte, so ergibt sich ein verblüffendes Bild unserer Gesellschaft. Denn es waren weltweit mit großem Abstand der »Harry Potter«-Zyklus von Joanne K. Rowling und die Bände von Stephenie Meyers Vampirsaga, die für Furore sorgten. Die Geschichte eines Zaubererlehrlings und die Erlebnisse eines Mädchens, das sich in einen Vampir verliebt, erreichten Millionenauflagen. Was bedeutet das für die Zeit, in der wir leben?

Beide Schriftstellerinnen entführen ihre Leser in die Welt der Fantasie und der Zauberei, weit weg von der realen Welt. Die Realität, das ist ganz offensichtlich, wirkt in ihren Büchern kalt und bedrohlich. Sie scheint keinen Lebensraum zu bieten, in dem die Helden sich wohlfühlen könnten. Insofern sind diese Romane das Dokument einer Gesellschaft, die ein tiefes Unbehagen ergriffen hat, und Millionen von Lesern müssen ihr eigenes Unbehagen darin wiedererkannt haben.

Harry Potter, der verwaiste Junge, leidet unter seiner Einsamkeit und der Lieblosigkeit seiner Stieffamilie. Auch die Kinder in seinem Alter treten aggressiv und feindlich auf. Ihm fehlt Geborgenheit, und er sehnt sich nach einer Welt, in der er sich seinen eigenen Platz erobern darf. Als er dann in das Reich der Zauberschule Hogwarts eintritt, sind zwar nicht alle Probleme gelöst, doch er bekommt seine Chance. Der perspektivlose, verschüchterte Junge wandelt sich zum Helden, der sein Schicksal in die Hand nimmt. Die magische, übernatürliche Welt ist sein Ausweg, eine Sphäre, in der ein lebenswertes Leben möglich ist.

Ich halte das Motiv der Verwandlung für eine erzählerische Figur, die stark an eine Transformation erinnert. Solange Harry stumm leidet, kann er nichts ausrichten. Als Entdecker der magischen Welt aber beginnt er bewusst zu handeln und einzugreifen – was einem »erwachten Handeln« gleichkommt. Der Subtext der »Harry Potter«-Saga lässt sich daher als eine

Erweckungsgeschichte lesen: Der Geist verlässt die beschränkte Wahrnehmung einer begrenzten Wirklichkeit, öffnet sich dem Wunderbaren und wird erlöst. Es spricht viel dafür, dass die Leser sich von diesem Subtext angezogen fühlten. Sie haben offenbar ein starkes Bedürfnis, die materielle »Welt« zu überschreiten.

Lieblosigkeit und das Fehlen einer intakten Familie bedrücken auch Bella, den Teenager, der in Stephenie Meyers Romanen die Hauptrolle spielt. Sie hat fast schon resigniert angesichts ihres desinteressierten Vaters und einer Schule, in der sie als Außenseiterin gilt. Erst als der Vampir Edward in ihr Leben tritt, fühlt sie sich zum ersten Mal unverwechselbar. Sie macht die Erfahrung, dass sie um ihrer selbst willen geliebt wird, erstmals in ihrem Leben. Auch hier findet eine Transformation statt. Bella, die sich weder für hübsch noch sonst wie für außergewöhnlich hält, macht Bekanntschaft mit einer Schicht ihres Seins, die korrespondieren kann mit übernatürlichen Phänomenen. Sie erkennt sich selbst, unabhängig von den Zuschreibungen anderer. Dass es die Liebe ist, die sie in etwas Besonderes verwandelt, lese ich als eine Metapher für das Urbedürfnis nach einer geistigen Liebe, die man auch als spirituelle Liebe deuten kann – denn körperlicher Kontakt ist ihr mit einem Vampir verboten.

Resümieren wir die Motive von Rowling und Meyer, so lässt sich sagen: Beiden Buchserien gemeinsam ist die Diagnose einer durch und durch trostlosen Realität. Hoffnungslosigkeit charakterisiert sie. Der Einzelne wird übersehen, keine Freude, kein harmonisches Leben scheint möglich. Mit und in der Magie aber beginnt etwas völlig Neues: Harry und Bella empfinden sich als wichtig, als agierende, emotionale Persönlichkeiten, die ihr ganzes Sein ausleben.

Die Botschaft beider Geschichten besteht darin, dass die Helden eine »höhere Welt« der Regeln und Werte kennen lernen, mit denen ihnen ein Einklang gelingt. Harry erlebt die

Verhaltensregeln von Hogwarts nicht nur als Zwang, sondern auch als Anleitung, sich von Gegnern zu befreien und das »Richtige« zu tun. Bella wiederum muss sich zwar den Regeln unterwerfen, die die Liebe zu einem Vampir ihr auferlegt, doch die erzwungene Distanz lässt sich auch als »reine Liebe« interpretieren, als Agape.

Regeln und Werte müssen nicht per se einengen, sie geben auch Orientierung und vermitteln Sinn. Auf einer höheren Ebene vermitteln diese Bücher die Existenz eines übergeordneten großen Ganzen.

Die Fantasywelten der Autorinnen symbolisieren daher mehr als puren Eskapismus. Dass sie so viele Leser ansprechen, ist der Vision eines bewussten, sinnerfüllten Lebens zu verdanken, in denen sich Millionen wiederfinden. Die Bücher versprechen Alternativen in einer alternativlos und visionslos gewordenen Wirklichkeit. Dass sie den Massengeschmack treffen, zeugt von einer kollektiven Suche nach anderen Dimensionen des Seins.

Ich habe den Aufstieg dieser Romane, die die Magie zurück in den Mainstream trugen, mit größter Aufmerksamkeit beobachtet. In unserem säkularen Zeitalter markieren sie die Sehnsucht nach einem transzendenten System der Werte. Man könnte die Magie als stellvertretend für die verlorene Spiritualität interpretieren, ohne die der Mensch nicht ganz sein kann. Es muss etwas »Höheres« geben, diese einfache Erkenntnis prägt die Erfolgsbücher von Joanne K. Rowling und Stephenie Meyer. Im Gewand der Trivialliteratur bricht sich hier ein Bedürfnis Bahn, das offensichtlich Millionen von Menschen haben: Sie suchen nach einer übergeordneten, sinnstiftenden Matrix.

Für ein Millionenpublikum, auch das ist eine Tatsache, existiert diese Matrix nicht mehr. Diese Menschen empfinden ihr Leben als sinnlos und kultivieren ihre Ängste, unfähig noch, ein lebensbejahendes Bewusstsein zu entwickeln. Ein

Autor, der diese tiefen Ängste aus dem Unterbewusstsein an die Oberfläche seines Erzählens holt, ist der früh verstorbene Stieg Larsson. Seine düstere »Millenium-Trilogie« feierte weltweit Erfolge, auf die europäische Verfilmung der drei Bücher wird jetzt eine Hollywood-Version folgen.

Larsson schuf eine neue Dimension des Bösen. Seine Helden haben es mit den Nachtseiten unserer Zivilisation zu tun: Gewalt, Missbrauch, Menschenhandel, mörderische Kriminalität. Kaum jemand kann sich dem Sog dieser erschreckenden Gegenwelt entziehen. In ihr kämpfen zwei eigentlich Machtlose, ein engagierter Journalist und ein einsames Punkmädchen, gegen die Machenschaften skrupelloser Verbrecher an. Sie müssen ihre ganze Existenz einsetzen, um für ihre Überzeugungen einzustehen. Was ihnen begegnet, ist ein Schattenreich der Amoral. Die Bedrohungen wachsen auf allen Ebenen, der Politik, der Polizei, der Ökonomie und der Sphäre des Privaten. Atemlos erlebt der Leser mit, wie alle Fassaden zusammenstürzen. Dahinter verbergen sich finstere Geheimnisse.

Schriftsteller wie Larsson haben ein untrügliches Gespür für den Zeitgeist. Bei der »Millenium-Trilogie« handelt es sich im Grunde genommen um eine Bankrotterklärung unserer westlichen Industriegesellschaft. Unerbittlich wird vorgeführt, wie eine Gesellschaft ohne Werte, ohne Moral, ohne innere ethische Instanzen aussehen wird – es sei denn, unerschrockene Kämpfer für das Gute gebieten diesen Entwicklungen Einhalt. Diese Hoffnung immerhin formuliert Larsson, indem er ebenso unkonventionelle wie glaubwürdige Helden entwirft, die der Leser sofort zu seinen Identifikationsfiguren macht. Vielleicht sind sie neue Grundfiguren der Rettung. Und vielleicht überträgt sich die Kraft, die ihnen zuwächst, auch auf die Leser. Womöglich macht gerade das, und nicht nur der voyeuristische Gefallen am perfekt inszenierten Schrecken, den Erfolg Larssons aus.

Betrachten wir die Sachbuch-Bestseller der letzten Jahre, so springen als Erstes die Erinnerungen eines über neunzig Jahre alten Mannes ins Auge: die Memoiren des Ex-Kanzlers Helmut Schmidt. Seine Gespräche mit »Zeit«-Chefredakteur Giovanni di Lorenzo und mit dem weit über achtzigjährigen Historiker Fritz Stern eroberten in kürzester Zeit die Bestsellerliste. Und wieder stellt sich die Frage: Was bedeutet das? Warum wird das auf Papier gebannte Wissen alter Männer, warum werden Meinungen und Lebensweisheiten charismatischer Greise zu derart erfolgreichen Sachbüchern?

Man kann daraus schließen, dass die Informationsflut der überreich vorhandenen Medien und Publikationen die eigentlichen Fragen nicht beantworten kann. Offenbar gibt es ein immenses Bedürfnis nach Weisheit und authentischen Erfahrungen. Und: Helmut Schmidt repräsentiert den Typus des Unbestechlichen. Weit über seine politische Karriere hinaus entwickelte er ein Grundgerüst der Überzeugungen und Werte, die ihm Glaubwürdigkeit und Deutungsmacht verleihen.

Das Lesepublikum spürt das instinktiv. Man mag vielleicht nicht alle Meinungen des Altkanzlers teilen, ernst genommen werden sie auf jeden Fall. Umgekehrt lässt sich folgern: Seine Anziehungskraft ist auch der mangelnden Glaubwürdigkeit aktiver Politiker geschuldet. In einer medialen Öffentlichkeit, die von Politikdarstellern bevölkert ist, hebt er sich, obwohl eigentlich längst Ruheständler, wohltuend ab. Wünschten wir uns nicht alle solch einen Entscheider in der momentanen Krisensituation? Einen, der mit ruhiger Hand und einem reichen Schatz von Erfahrungen kurzlebigen Scheinerfolgen widersteht?

Allzu lange haben wir die Jugendkultur verehrt, fasziniert vom immer Neuen, von Moden und Trends. Ich halte es für ein gutes Zeichen, dass nun eine Tendenzwende erkennbar ist, von der Information zum Wissen, von der Meinung zur Weisheit. »Back to basics« möchte ich diese Bewegung nennen, was so viel meint wie: zurück zu den Grundwerten. Nur in einer Phase der Heuchelei und Verantwortungslosigkeit kann die lakonische Ethik eines Helmut Schmidt Konjunktur haben. Mit dem Motiv der Weisheit wird darüber hinaus deutlich, dass es eine Sehnsucht nach Gewissheiten gibt, die nicht von der Tagesaktualität diktiert werden.

Dieses Motiv durchzieht auch die Erfolgsbücher von Richard David Precht und Eckart von Hirschhausen. Sie gehören zur noch jungen Garde der Sachbuchautoren, und ihre Themen füllen wohlkalkuliert ein Vakuum. Prechts philosophischer Essay »Wer bin ich, und wenn ja, wie viele?« gab kenntnisreich und doch spielerisch Einblicke in die modernen Theorien der Identität. Dabei verknüpfte er Philosophie, Psychologie und Hirnforschung zu einer unterhaltsamen Argumentations- und Erzählkette. An deren Ende steht keine Conclusio, sondern eine Palette von Optionen: Bin ich ein Produkt meiner Gene? Meiner Erziehung? Meiner hirnphysiologischen Prozesse?

Ähnlich verfährt Precht in seinem zweiten Erfolgsbuch »Liebe. Ein unordentliches Gefühl«. Wieder relativiert er das identitätsberauschte Ich und stellt ihm unterschiedlichste Deutungen entgegen. Aus dem Liebessehnen wird die Folge eines Hormoncocktails, aus der Idee ewiger Treue das Paradoxon des gezähmten Triebs. Was Precht seinen Lesern verweigert, ist jegliche Transzendenz. Spiritualität ist für ihn eine Illusion, so wie Liebe oder Identität. Damit bedient er den säkularen Zeitgeist und entlastet den Leser von weiteren Sinnfragen, den Kern des Menschseins aber trifft er damit nicht. Das ist ihm selbstverständlich nicht vorzuwerfen; vielmehr ist es Ausdruck eines Lebensgefühls, das in den Naturwissenschaften Wege aus notorischen Sinnkrisen sucht.

Prechts Kollege Eckart von Hirschhausen dagegen greift das kollektive Unbehagen auf und diagnostiziert einen Mangel an Glücksbegabung. Seine vergnüglich zu lesende Therapie, eine Anleitung zum Glücklichsein, verharrt allerdings auf einer sehr pragmatischen Stufe des Glücks. Die Tipps und Tricks, mit denen er aufwartet, überschreiten selten das Niveau üblicher Ratgeber, auch wenn sie sich ironisch maskieren. Glückskekse backen, sich dem Genuss hingeben, den richtigen Partner finden, all das mag zur Zufriedenheit beitragen. Glück im tieferen Sinne jedoch, wie es etwa die spirituelle Dimension des befreiten Ich vermittelt, kommt nicht vor in Hirschhausens Buch »Glück kommt selten allein«.

Mich hat die Konjunktur der Glücks-Bücher von jeher interessiert. Dass das Glück überhaupt ein Thema werden konnte, verrät viel über unsere Kultur des Unglücklichseins. Es gab Zeiten, in denen die Frage nach dem Glücklichsein Befremden ausgelöst hätte. Reichte es nicht, Arbeit zu haben, genug zu essen, eine große Familie und ein Dach über dem Kopf? Glück ist eine Haltung, nicht das Ergebnis einer cleveren Lebenskunst. So sympathisch Hirschhausen auch auftritt, er führt amüsant in die Irre, wenn er die sogenannten kleinen Freuden des Lebens beschwört, die es zu entdecken gelte. Sein Erfolg beruht sicherlich auf dieser niedrigen Schwelle, die es vermeintlich zu übersteigen gilt, ohne die Wege der Selbsterkenntnis und ohne die Reflexion der ureigensten Bedürfnisse.

Ein anderer Sachbucherfolg – und Überraschungsbestseller – der vergangenen Jahre wagte dagegen einen radikal neuen Ansatz, um dem systemischen Unglücklichsein zu begegnen: Hape Kerkelings Pilgerbuch »Ich bin dann mal weg«. Auf verblüffend authentische Weise schildert Kerkeling darin, wie er plötzlich das Bedürfnis verspürte, aus seinem hektischen Medienleben auszusteigen. Er sagt alle Termine ab und macht sich auf den Jakobsweg. Seine Erlebnisse sind unspektakulär. Er begegnet einfachen Leuten, gerät an die Grenzen seiner körperlichen Leistungsfähigkeit und beginnt, seelischen und gedanklichen Ballast abzuwerfen. Einmal mehr verkörpert hier ein Erzähler die klassische Figur des Suchenden, der in die Fremde aufbricht und transformiert zurückkehrt.

Kerkeling bezeichnet sich nicht im eigentlichen Sinne als gläubig. Sein Buch ist ein Dokument der Fragen – nach Gott, nach sich selbst, nach einem Sinn. Er, der verwöhnte Prominente, findet den Sinn in einfachen Menschen, mit denen ihn spontane Sympathie verbindet. Er findet ihn in der Natur, im Leerwerden, in der Konzentration auf das Wesentliche, in der Freude über ein gutes Essen, ein trockenes Nachtlager oder ein Nachlassen der körperlichen Schmerzen. Am Ende glaubt er wieder an das Leben, das für ihn zumindest streckenweise seinen Sinn verloren hatte. Aus der Existenz im Außen ist eine Wahrhaftigkeit im Innen geworden.

Noch nie behauptete sich ein Sachbuch derartig lange an der Spitze der deutschen Bestsellerlisten. Wieder fühlten die Leser, dass hier eine Geschichte über das erwachende Bewusstsein und das transformierte Sein erzählt wurde. »Ich bin dann mal weg« verkaufte sich über drei Millionen Mal. Liest man es genauer, so wird rasch offenbar, dass es Energien enthält, die es sowohl mit den Büchern Helmut Schmidts als auch mit jenen von Joanne K. Rowling und Stephenie Meyer verbindet. Mit Schmidt teilt er die radikale Offenheit und Aufrichtigkeit. Mit Meyer und Rowling die Transgression auf eine spirituell erfahrbare Ebene.

Auf sehr spezifische Weise wird bei Kerkeling sichtbar, dass eine existenzielle Veränderung stattgefunden hat. Aus der Zukunftsgewissheit ist Zukunftsangst geworden, aus dem Einssein mit der Welt Zerrissenheit. Auch er sucht nach dem geistigen Paradigmenwechsel, nach Werten jenseits von Beliebtheit und Erfolg. Sein Marktwert, seine Prominenz nützen ihm nichts, wenn er mit Blasen an den Füßen weiterwandert, sich verirrt, von anderen Pilgern mitgenommen wird. Kaum einer erkennt ihn. Das Abenteuer, das er besteht, macht ihn wieder zu einem authentischen Menschen mit echten Gefühlen, der vor Erschöpfung in Tränen ausbricht und sich mit kindlicher Begeisterung an einem Sonnenuntergang erfreut.

Für mich ist das Buch ein Meilenstein der populären Literatur unserer Tage. Es will weder verkünden noch überzeugen, sondern erzählt von einem Bewusstwerdungsprozess. Dazu gehören Loslassen, der Gedanken wie des Komforts, und die Konzentration auf das Wesentliche. Seither haben sich Unzählige auf den Weg gemacht, weil sie im Buch das Pilgern als Reinigungs- und Verwandlungsritual entdeckt und verstanden haben. Hier hat ein Gegenentwurf zu einer Massenbewegung geführt; ganz normale Menschen trauen sich, eine uralte meditative Praktik zu erkunden, die Wanderung auf dem Weg zu sich selbst.

Jeder beschreitet auf der Sinnsuche seinen eigenen Pilgerweg, sei es in der Rückkehr zur Religion der Kindheit, in der Hinwendung zu östlichen Lehren wie dem Buddhismus oder in Meditationskursen. Auch die Botschaft des Christentums, Werte wie Nächstenliebe, Teilen und Verzeihen, können den Menschen sehr viel geben. Aber es scheint so, als ob die Unbeweglichkeit, ja Starrheit von Strukturen dies verhindere. So wie die Unfähigkeit, neue Wertesysteme zu erfinden, wenn die alten nicht mehr mit Sinn erfüllt erlebt werden.

Das spirituelle Interesse verlagert sich deshalb auf andere Gebiete, auf populäre Fantasy-Belletristik, auf Esoterikbücher, aber auch auf seriöse Bücher über neues Denken. Selbst die große Traumfabrik Hollywood reagierte darauf, mit einem Film, der einen hochphilosophischen Gegenentwurf zur Realität wagt. Es ist faszinierend, dass ausgerechnet Hollywood, wo mittlerweile kinofremde Investoren über Inhalte bestimmen, der Entstehungsort des wohl vielschichtigsten, in die Zukunft weisenden Films der letzten Jahre ist: »Avatar«. Was Regisseur James Cameron gelang, grenzt an ein Wunder: Er verwob substanzielle Botschaften mit allen Ingredienzien eines epochalen Blockbusters.

»Avatar« wurde zum bislang erfolgreichsten Film, seit es Kino gibt. Er ist ein eindrucksvoller Beweis dafür, dass die Sehnsucht nach Sinn und nach Alternativen ein Massenphänomen geworden ist. Allein in Deutschland waren es rund zehn Millionen Besucher, die im ersten Vierteljahr nach der Premiere ins Kino strömten. Wenn man bedenkt, dass bei einer Gesamtbevölkerung von achtzig Millionen Menschen etwa zwanzig Millionen Senioren sind und zehn Millionen Kinder unter acht Jahren, dann sah statistisch jeder fünfte Erwachsene unter 65 Jahren innerhalb von drei Monaten diesen Film.

Bei einem Vortrag fragte ich kürzlich das Publikum, wer »Avatar« kenne. Zu meiner Überraschung hoben so gut wie alle die Hand – zudem fast ausschließlich Männer reiferen Alters, die man sonst eher selten in Kinosälen antrifft. Warum dieser Film wohl so viele Besucher anziehe, fragte ich anschließend. Die Antworten waren sehr unterschiedlich. Manche sahen den Grund in der Technik, der Film sei eben sehr gut gemacht und die 3D-Technik habe sicherlich zu seiner Attraktivität beigetragen. Andere kamen auf den Inhalt zu sprechen und zeigten sich tief beeindruckt von seiner Botschaft, die im Inneren berührt.

Die Besucher spüren, dass dieser Film unsere Zeit widerspiegelt, den Gegensatz von Gier, Machtstreben, militärischer Gewalt auf der einen Seite und einer friedlichen Lebensform, die sich im Einklang mit der Natur befindet, andererseits. Unverkennbar, dass hier eine Utopie entworfen wird, nach der sich jeder sehnt: im großen Ganzen eines positiven Energiefelds aufgehoben zu sein. Die Zuschauer werden sich bewusst, dass wir den Kontakt zu etwas Elementarem verloren haben, zu einer höheren Ebene, zu einem höheren Sinn des Menschseins.

Bei Cameron wird diese Ebene verdichtet in Eywa, der übergeordneten Göttin. Sie vereinigt alle Energien in sich: Leben spendende, heilende und schützende Energien. Der Regisseur hat Bilder gefunden, die mitten ins gefesselte Bewusstsein zielen und es von gewohnten Denkschemata befreit. Alle Bäume auf dem fernen Planeten Pandora sind durch ein Wurzelsystem miteinander verbunden. Sie bilden ein intelligentes neuronales Netzwerk, das Informationen und Energien weiterleitet. Wer in Kontakt mit ihnen tritt, erfährt die Magie ihrer Kräfte.

Die Bäume bilden einen Lebensraum, eine befriedete Schutzzone, in der die Na'vi, die Einwohner Pandoras, sich sicher fühlen. Das intuitive Wissen um Energieaustausch, Telepathie und Resonanz findet hier einen bildlichen Ausdruck und wird unmittelbar angesprochen. Ich bin überzeugt, dass viele Zuschauer hier etwas wiederfanden, was in einer verborgenen Zone ihres Selbst bereits existent war, als nicht zugestandene Gewissheit, dass wir Menschen ohne solche Energienetze nicht lebensfähig sein würden.

Die philosophische Grundierung der Geschichte ist die Suche nach Erkenntnis. Denn die Menschen, die sich in den Na'vi nachgebildeten Avataren eine zweite Existenz geben, sind sichtbar entfremdet: Zum einen werden sie zu Instrumenten fremder Interessen, zum anderen täuschen sie mit der geliehenen Avatar-Hülle etwas vor, was sie nicht sind. Deshalb ist der berühmt gewordenen Satz »Ich sehe dich« das Herzstück des Films. Er gilt dem Helden Jake Sully, der als Mensch schwach und verletzlich ist, von der Hüfte abwärts gelähmt. Nur als Avatar ist er stark und kann kämpfen. Als die Na'vi Naytiri ihn in seiner menschlichen Gestalt erblickt, bedeutet ihr Satz »Ich sehe dich« zugleich: »Ich liebe dich. So wie du bist.«

In diesem Film geht es in spiritueller Hinsicht darum, den anderen in seinem Energiekern, in seiner Seele zu erkennen – so wie der Vampir Edward die unscheinbare Bella als etwas Kostbares erkennt. Die Bedeutung dieser neuen Sicht auf den

Menschen ist allumfassend. Sie trifft auf die Erfahrung von Verlusten und Defiziten, was Nähe, Wärme und Menschlichkeit betrifft, und heilt die Seele, so wie Eywa alles Leben heilen kann.

Wir haben es also mit einer hochspirituellen These zu tun, die besagt, dass der Mensch wieder ganz wird, wenn er an ein höheres Energiesystem angeschlossen ist. Verweigert er sich diesem System oder missachtet es, so büßt er sein Menschsein weitgehend ein. Er wird zur Maschine und im Zweifelsfall zur Kampfmaschine, wie die meisten Menschen im Film.

Dazu lässt Cameron die »heile Welt« von Pandora auf die Realität einer militärischen Expedition prallen, die den Planeten erobern und ausbeuten will. Wohl nie zuvor wurden die Gegensätze unserer Kultur derart virtuos inszeniert. Hier die pandorische Ganzheitlichkeit mit ihrem ungehinderten Energiefluss, dort die zivilisatorische Aggression westlicher Prägung, die zerstören will und sich selbst zerstört. Es ist die Polarität von spirituellem und mechanistischem Denken, von ausbalancierter Harmonie und rücksichtsloser Ausbeutung, die das Herzstück des Films ausmacht.

Mit einigem Abstand betrachtet, spielt der Film deshalb nicht auf einem fernen Fantasieplaneten, sondern bei uns, auf der Erde. Die Na'vi verkörpern dabei die geistige Avantgarde, sie verweigern sich der Logik des Hochrüstens und suchen ihre Energie im spirituellen Raum. Ihre Werte heißen Nachhaltigkeit, Verständnis, soziale Gemeinschaft, Liebe. Man könnte so weit gehen, die Na'vi als Urbild eines religionsstiftenden Volkes zu bezeichnen, die ihre Gegner im wahrsten Sinne des Wortes entwaffnen – durch die Überzeugungskraft einer höherstehenden Kultur, durch erwachtes Handeln.

Vergleichsweise primitiv wirkt dagegen das Handlungsschema des alten Denkens. »Wir vergelten Terror mit Terror«, lautet ein weiterer Schlüsselsatz des Films. Ausgesprochen wird er von einem Kommandanten des Raumschiffs, doch stammt er bekanntlich von George W. Bush. Die atavistische Racheformel verdeckt in beiden Fällen, dass es um ökonomische Hegemonie geht, nicht etwa darum, sich gegen einen Angreifer zu verteidigen. Ursache und Wirkung werden planvoll vertauscht, mit der Perfidie einer Kriegsrhetorik, die uns heute vertraut ist.

Wie unter einem Brennglas spricht der Film die neuralgischen Themen der Vereinigten Staaten und der gesamten westlichen Welt an: Kolonialpolitik, kriegerische Interventionen, Profitgier. Auf der Suche nach einem seltenen Rohstoff soll auf Pandora die paradiesische Natur im Namen des Profites niedergewalzt werden. Mit der gleichen Rücksichtslosigkeit sicherten sich die USA die Vorherrschaft in der Golfregion, mit der gleichen Aggressivität roden US-Firmen den Regenwald Südamerikas.

Nichts in diesem Film geschieht aus Zufall, alles ist Sinnbild einer Zivilisation, die den universalen Krieg führt. Das, nicht die 3D-Technik, ist der Grund, warum sich so viele Menschen von Camerons Meisterwerk angezogen fühlen. Sie ahnen intuitiv, dass eine Wahrheit mit großer Deutungskraft darin verborgen ist. Die Polarität von Ego und Sein, von Destruktion und Energie, von Hass und Liebe wird hier paradigmatisch vorgeführt und wirkt mit ungeheurer Suggestion.

Die US-amerikanische Publizistin Naomi Wolf hat diese Faszination äußerst intelligent beschrieben: »Gibt es bei Nationen psychologische Prozesse im Freudschen Sinne – wie zum Beispiel kollektive Egos, die verletzt werden, und verdrängte Schuldgefühle –, ganz so, wie das bei Menschen der Fall ist?«, fragt sie. »Ich glaube ja. Mehr noch: Oft spiegelt die ›irrationale Traumarbeit‹ einer Nation ihren tatsächlichen Zustand wahrheitsgetreuer wider als ihr ›Ich‹ – ihre offiziellen Verkündigungen oder diplomatischen Erklärungen.«

Naomi Wolf gesteht dem Film daher eine große Relevanz zu: »Ironischerweise dürfte dieser Hollywood-Film mehr dazu beitragen, das verdrängte Wissen der Amerikaner über die Seichtigkeit ihrer nationalen Mythologie zu exhumieren als alle Leitartikel, College-Kurse oder selbst Proteste außerhalb der amerikanischen Grenzen.« In der Tat: Der künstlerische Artefakt »Avatar« ist ein spiritueller Weckruf, eine Mahnung, auch eine Hoffnung. Alle Unwahrheiten kommen ans Licht, alle ideologischen Verzerrungen und alle politischen Verbrämungen der Ressourcenausbeutung.

Es ist kein Zufall, dass gerade jetzt Bücher und Filme große Resonanz erhalten, die auf unterschiedliche Weise Geschichten von Unbehagen, Suche und Transformation ausbreiten. Sie sind Projektionsflächen für das alte Bewusstsein, und sie zeigen Wege zu einem erwachenden Bewusstsein. Derart deutlich waren die Implikationen nie. Die Menschen werden aufgerüttelt. Die große Masse ist in Bewegung geraten. Gegenwelten werden bestaunt, Sehnsuchtsorte eines gelingenden Lebens. Dies kann ein entscheidender Schritt sein, hin zu einer energetischen Selbstverstärkung spiritueller Anregungen. Das kollektive Bewusstsein scheint reif für ein neues Denken und Fühlen.

Genau das ist auch das Thema von Elizabeth Gilbert, deren autobiografisches Erfolgsbuch »Eat Pray Love« mit Julia Roberts in der Hauptrolle soeben verfilmt wurde. Die Story ist rasch erzählt: Eine Frau, die alles hat, fühlt sich verloren. Denn Mann, Haus und Karriere, die Zutaten eines erfolgreichen Lebenslaufs, erweisen sich als schwache Pappkulissen einer unsicheren Existenz. Nach der Scheidung stellen sich neue Fragen, und die Heldin zieht aus, um das Leben zu lernen. Eine Weltreise wird zur Suche nach dem Sinn. In Italien entdeckt Liz den kulinarischen Genuss, in Indien die Meditation, und auf Bali schließlich findet sie zu der verblüffenden Erkenntnis, wie sich innerer Frieden einstellt.

»Eat Pray Love« ist eine geradezu klassische Transformationsgeschichte, ohne ironische Seitenhiebe erzählt und voller unerwarteter Einsichten. Ein Mainstream-Film aus der Traumfabrik mit einem Mainstream-Star, und zugleich die spirituelle Auseinandersetzung mit einer sinnentleerten Wirklichkeit. Heldin Liz zeigt den Mut, alles loszulassen, und wird reich belohnt: mit einem befreiten Bewusstsein, das ihr eine neue Dimension des Glücks beschert. Dieses ist weit entfernt vom formatierten Glück des Eigenheims, der Vorzeige-Ehe, der Karriere. Solche Errungenschaften werden als vorläufig und fragil entlarvt. Im Mittelpunkt stehen stattdessen Geist und Seele.

Es ist kaum zu ermessen, welch eine große Verantwortung jene tragen, die mit ihren Büchern und Filmen ein Millionenpublikum erreichen. Es scheint, als ob das universale Bewusstsein sie dazu ausersehen hat, eine Aufgabe zu erfüllen. Wie stark sie sich von vergleichbaren »Produkten« der letzten zwanzig Jahre unterscheiden, wurde mir bewusst, als ich nach dem Verkauf des Pendo Verlags mein Leben Revue passieren ließ. Gleichzeitig erkannte ich, dass meine Arbeit als Verleger Zeugnis ablegt von dem Weg meiner persönlichen Transformation.

Viele Bücher, die ich verlegte, begleiteten meine innere Wandlung. Nach und nach veränderte sich meine Sichtweise, vom analytischen Blick zur Gesellschaftskritik und schließlich hin zu Perspektiven der Weltveränderung. Rückblickend fügen sich die Titel zu einem Mosaik gesellschaftlicher Strömungen, aber auch persönlichen Umdenkens der letzten zwanzig Jahre.

Als ich Ende der neunziger Jahre Chef der Verlagsgruppe Ullstein Heyne List war, veröffentlichte ich drei Politikerbiografien, die jeweils eine Momentaufnahme ihrer Zeit waren: die Autobiografien von Oskar Lafontaine sowie von Hillary Clinton und Bill Clinton. Im Grunde waren es Psychogramme der Macht. Als Verleger erlebte ich diese Politiker aus nächster Nähe, erkannte ihre Motivationen, ihre Schwächen, ihre

Charaktereigenschaften. Sie boten mir Lehrstücke darüber, wie politische Karrieren durch den Zeitgeist ermöglicht und befördert werden. Fast über Nacht hatten Wähler ihre Bedürfnisse auf diese Politiker projiziert. Deren Versprechungen machte sie zu Heilsbringern, die wahlweise soziale Gerechtigkeit oder den amerikanischen Traum schenken wollten. Schon damals fragte ich mich, ob Politiker dieser Verantwortung überhaupt gerecht werden können.

Als ich in die USA flog, um Bill Clinton aufzusuchen, wollte ich die Rechte an seiner Autobiografie erwerben. Die Sicherheitsleute hatte ich passiert und einige Minuten in Clintons Villa gewartet, als er mir gegenüberstand – der einst einflussreichste Mann der Welt. Er verströmte noch immer jene präsidiale Aura, doch ich spürte auch etwas anderes: Lebensgier und Machthunger, gepaart mit der leichten Unsicherheit eines Mannes, der es aus kleinsten Verhältnissen bis an die Spitze der Weltpolitik gebracht hatte.

Haben solche Politiker eine sicher grundierte Wertebasis, auf der sie verantwortungsvoll agieren können? Ich wusste keine eindeutige Antwort darauf.

In dieser Zeit erschienen die Bücher von John Grisham und Stephen King in meiner Verlagsgruppe. Es waren zwei begnadete Erzähler, die tief in die US-amerikanische Seele schauten. Grisham verstand sich bestens darauf, die Abgründe der eleganten Businesswelt aufbrechen zu lassen, während Stephen King die dunklen Seiten des bunten amerikanischen Traums auslotete.

Im Nachhinein wirken die Bücher auf mich wie Menetekel eines Lebensstils, der sich schon damals dem Untergang näherte. Sie trauten den schönen Oberflächen nicht mehr, die in Filmen und Werbespots eine hedonistische Kultur zeigten. Und sie hatten nur noch ein bitteres Lächeln für den beschworenen Pioniergeist eines Staates, in dem vermeintlich jeder sein Glück machen kann.

Dem »pursuit of happiness«, der US-amerikanischen Verfassung eingeschrieben, setzten sie ein düsteres Land entgegen. Grishams Genialität bestand darin, dass er die Welt der Anwaltskanzleien in ihrer ganzen Intrigenhaftigkeit entlarvte. In Romanen wie »Die Jury«, »Die Firma« oder »Die Akte« beschrieb der studierte Jurist ein Rechtssystem, in dem die Rechtsprechung zur Farce wird. Damit stellte er eine der Säulen der Demokratie infrage und entzauberte das Bild des engagierten, um Gerechtigkeit kämpfenden Anwalts.

In Grishams Welt geht es um Geld, Eitelkeit und Macht ganz wie in der Welt der Wirtschaft, der Politik und des Entertainments. Früh hat er Portraits des alten Bewusstseins geschrieben. Das hatte durchaus etwas Entlarvendes, doch über die geistige Kraft für den Entwurf einer Gegenwelt verfügte Grisham nicht. Seine Haltung war letztlich resignativ, und er setzte alles daran, die Desillusionierung so unterhaltsam wie möglich zu präsentieren.

King dagegen zielte mit ungeheurer Treffsicherheit mitten in die Urängste der Seele seiner Landsleute. Was Naomi Wolf über die verdrängten Schuldgefühle im Zusammenhang mit »Avatar« schreibt, lässt sich auf King übertragen. Er nahm sich die Ikonen des amerikanischen Lebensstils vor, etwa den Straßenkreuzer, der in Form eines Cadillacs ein mörderisches Eigenleben entwickelt. Seine Thriller zu lesen, kam einer Selbstbestrafung gleich, weil er alles dämonisierte, woran ein US-Bürger hing: das eigene Haus, die Kitschindustrie, den Konsum. Dass sie seine Bücher trotzdem lasen und King zum König des Horrors krönten, spricht für Naomi Wolfs These, dass im Unterbewusstsein dieses Volkes bereits ein Bewusstsein für die Absurdität der Überflusskultur existierte.

Nach meinen Ausflügen in die internationale Belletristik interessierte mich zunehmend das, was in Deutschland geschah. Besonders fiel mir die Veränderung des TV-Entertainments ins Auge, das sich in der Machart und auch in den

Inhalten immer stärker den US-amerikanischen Showformaten anpasste. Ein lautstarker Protagonist der neuen, grellen Unterhaltsamkeit war Dieter Bohlen. Mit seiner Autobiografie präsentierte er sich noch konsequenter als im Fernsehen als totaler Entertainer, der für ein paar Pointen bedenkenlos Freunde und Wegbegleiter verletzte.

Dem Musiker und Moderator war nichts heilig – außer Geld. Das Prinzip der Vermarktung erreichte in Bohlen eine neue Dimension, die sich aus dem Bedürfnis des Voyeurismus speiste. So ungeniert hatte das zuvor kaum jemand gewagt. Und niemand hätte wohl vorhergesehen, dass ihm seine systematische Zerstörungsbereitschaft auch noch Kultstatus bescheren würde. In der Castingshow »Deutschland sucht den Superstar« erfand Bohlen den schnoddrigen, schonungslosen Vernichtungsstil, der ahnungslose Kandidaten der Lächerlichkeit und Demütigung preisgibt.

Heute denke ich, dass Bohlen die Grausamkeit einer Ellenbogengesellschaft vorwegnahm, die erst sehr viel später, mit der Finanzkrise, ihre ganze Kälte zeigte. Wer sich heute mit der Kulturindustrie auseinandersetzt, kommt am System Bohlen nicht vorbei. Es verkörpert die lückenlose Ökonomisierung des Entertainments. Und es steht dafür, in nie gekannter Schamlosigkeit Menschen auszubeuten. Was in der Wirtschaft Routine geworden ist, Menschen als bloßes Material zu betrachten, realisiert sich nun auch auf der Showbühne. Das Systen Bohlen ist daher vielleicht der sinnfälligste Ausdruck einer Gesellschaft, die den Anspruch auf Respekt und Menschenwürde vergessen, ja aufgegeben hat.

Es war eines der letzten Buchprojekte meiner Gruppe Ullstein Heyne List. Als ich wenig später den stillgelegten Schweizer Pendo Verlag übernahm, war ich fest entschlossen, ein Programm zu verwirklichen, das sich von solchem Mainstream unterschied. Mit dem kleinen Buch »Einfach die Welt verändern« begann eine neue Phase meiner Arbeit. Und es war Ausdruck meines neuen Selbstverständnisses: Ich wollte nicht mehr vorrangig Bücher verkaufen, ich wollte mit ihnen etwas bewegen. In vielen praktikablen Anleitungen machten die Autoren Vorschläge, wie man Energie sparen, Gutes tun und dem Gemeinwohl dienen kann – einfach, alltagstauglich, für jeden nachvollziehbar.

Das Wagnis gelang. Ich überzeugte das Magazin »Stern« von der Idee, und gemeinsam entwickelten wir eine bundesweite Kampagne, in der es um die Veränderbarkeit der Welt ging. Der unerwartete Erfolg stärkte mir den Rücken. Zum ersten Mal glaubte ich wirklich daran, dass ich als Einzelner etwas bewegen konnte, und das Verlegerdasein gewann eine völlig neue Dimension für mich. Mit Büchern hatte ich wirkmächtige Hebel in den Händen. Wenn ich dem Zeitgeist auch nur ein wenig voraus war, so konnte ich ein interessiertes Publikum gewinnen. Es war eine beglückende Erfahrung.

Die Wahl eines meiner späteren Lieblingsautoren Derrick Jensen führte mich weiter auf dem eingeschlagenen Weg. Jensen, ein Farmer und Philosoph aus Oregon, hatte das aufsehenerregende Buch »Endgame« geschrieben, deutscher Untertitel: »Zivilisation als Problem«. Auf einleuchtende Weise beschreibt er, wie gerade jene Zivilisation, die uns so viele Errungenschaften gebracht hat, das Geschaffene wieder zerstört. Als einer der ersten Vordenker legte er den Finger in die Wunden, und die Leser konnten sehr genau nachvollziehen, was er meinte. Die ersten Ermüdungsbrüche lagen längst hinter ihnen, die Entzauberung der »guten Wirtschaft«, die Vertrauenskrise in der Politik.

Jensens Thesen wirken dennoch ungewohnt radikal. Die Industriegesellschaft, so argumentiert er mit bezwingender Logik, stehe in grundsätzlichem Widerspruch zu ökologischer Nachhaltigkeit und könne weder durch Regulative noch durch gesetzlich verankerten Umweltschutz in Einklang mit der Natur gebracht werden. Die Industrienationen seien daher dazu verurteilt, sich auf Dauer selbst zu zerstören. Derart vehement hatte zuvor kaum ein Kritiker Einspruch gegen die industrielle Zivilisation erhoben.

Offenbar gab es ein Publikum auch für unbequeme Themen. So veröffentlichte ich beispielsweise die Autobiografie der iranischen Friedensnobelpreisträgerin und Menschenrechtsanwältin Shirin Ebadi. Sie handelt von den Rechten der Frauen in der islamischen Welt und erlaubt einen neuen Blick auf die dortigen Verhältnisse. Außerdem engagiert sie sich als Anwältin für Dissidenten im Iran und riskiert damit bis zum heutigen Tag ihr eigenes Leben. Ich konnte nur darüber spekulieren, ob solch ein Thema auch deutsche Leser und vor allem Leserinnen interessierte.

Meine Vorbehalte waren unbegründet. Auf meine Einladung kam Shirin Ebadi nach Deutschland, ihr Buch wurde zum Überraschungserfolg, ihre Lesungen waren überfüllt, die Zeitungen widmeten ihr lange Artikel. Eine neue Solidarität wurde spürbar, und ich war stolz, sie ein Stück weit mit angeregt zu haben.

Mein Themenportfolio entwickelte sich immer mehr hin zu einem kontrapunktischen Selbstverständnis des Verlages. Zu meinen Lieblingsbüchern zählte auch »Geist oder Geld« von Hans-Jürgen Jakobs. Er prangert den Ausverkauf der freien Meinung an und reflektiert die Rolle der Medien. Was ist ihr Ziel? Sind es Quote und Auflage, oder ist es die Wahrheit? Wo bleibt der investigative Journalismus? Es zeichnet sich überdeutlich ab, dass es immer weniger engagierte Journalisten gibt, mit genügend Zeit und Geld ausgestattet, um recherchierend der Wahrheit zu folgen.

Meine beiden letzten Bücher im Pendo Verlag widmeten sich der Zeitgeschichte. Da war die Biografie der Nina von Stauffenberg, jener unerschrockenen Frau des Widerstandskämpfers Claus Graf Schenk von Stauffenberg, die zu Unrecht in Vergessenheit geraten war. Ihre Tochter Konstanze von Schulthess zeichnet ein bewegendes Bild der Mutter, die viele Tugenden verkörperte, die mittlerweile fehlen: Zivilcourage, Mut, Verantwortungsbewusstsein. Neben der dramatischen Lebensgeschichte ist es sicherlich die Strahlkraft dieser sehr politischen Persönlichkeit, die das Buch auf die Bestsellerlisten katapultierte.

Das andere Buch war ein Gespräch des Historikers und Fernsehpublizisten Guido Knopp mit Hans-Dietrich Genscher, dem ehemaligen deutschen Außenminister. Sein Titel, »Die Chance der Deutschen«, signalisierte, dass sich hier ein Elder Statesman zu Wort meldete, der äußerst besorgt um die politische Lage war. Nie werde ich vergessen, wie ich im Anschluss an die Buchpräsentation im Berliner Hotel Adlon mit Hans-Dietrich Genscher zusammensaß.

Es war ein Abendessen unter vier Augen. Für mich war es eine Auszeichnung, mit dem großen alten Mann der deutschen Außenpolitik sprechen zu dürfen. Nachdem wir einige Themen der Zeit erörtert hatten, stellte ich ihm die Frage: »Glauben Sie, dass unsere westliche Zivilisation noch steuerbar ist, und glauben Sie, dass wir die Probleme in den Griff bekommen werden?« Er dachte lange nach, ungewöhnlich lange. Dann antwortete er: »Wir haben die Möglichkeit, es zu schaffen. Aber die Chancen stehen fünfzig zu fünfzig, mehr nicht.«

Mich überlief eine Gänsehaut. Vor mir saß ein Urgestein der Weltpolitik, ein Mann, der mit seiner klugen, besonnenen Art unendlich viel erreicht hatte. Er hatte den Kalten Krieg erlebt und dann den Fall der Mauer, zu dem er persönlich beigetragen hatte, als er die Botschaft der Bundesrepublik in Budapest für Flüchtlinge aus Ostdeutschland öffnete. Sein Urteil hätte daher optimistischer ausfallen können. Doch er schien viel zu beunruhigt über die aktuellen Entwicklungen zu sein, um eine günstigere Prognose zu wagen.

Als die Ära Pendo zu Ende ging, konnte ich mit einigem Stolz Bilanz ziehen: Viele Male war es gelungen, ein breites Publikum für Themen zu interessieren, die sich vom allgegenwärtigen Entertainment deutlich abgrenzten. Aber es gab etwas, das fehlte: die spirituelle Dimension. Kritik, Analyse und Beschreibung, diese Königsdisziplinen der Sachbücher, hatten nichts von ihrer Gültigkeit verloren, doch mir reichte das nicht. Ich wollte zum Werkzeug des Bewusstseins werden.

Mit der Ära Scorpio schlug ich ein neues Kapitel auf. Es ist der Verlag für die Umbruchzeiten, in denen wir leben, und ich versuche, sie mit Büchern zu begleiten, die Impulse und Orientierung geben. Mein Motto »Die Welt stellt sich neu auf« ist das Credo meiner Existenz geworden. Die große Resonanz bestärkt mich in meiner Vermutung, dass mehr Menschen als angenommen in Krisenzeiten spirituelle Anregungen brauchen.

Als eines der ersten Projekte verlegte ich daher eine Anthologie mit dem Titel »Die wahren Visionäre unserer Zeit«. Der Autor, Martin Häusler, hatte mich mit seinem Konzept sofort überzeugt. Er war zutiefst verärgert über die unzureichenden Krisendebatten, die wieder und wieder das alte Denken recycelten. Daher wollte er die weltweit wichtigsten Vordenker und Querdenker aus Wissenschaft und Philosophie interviewen. Sie alle widmen sich der neuen Zeit, und Häusler wollte ihre Thesen endlich einer großen Öffentlichkeit zugänglich machen.

»Die wahren Visionäre unserer Zeit« ist ein programmatisches Buch für mich, eines, das stellvertretend für die Ausrichtung des gesamten Scorpio Verlags steht. Und ich spüre, dass es Kreise ziehen wird. Immer mehr prominente Leitfiguren setzen sich für das neue Denken ein. Für das Buch »Weltwende 2012« von Ervin Laszlo schrieben Michail Gorbatschow und Deepak Chopra ein Vorwort. Zum ersten Mal überhaupt werden in dem Band Politik, Wirtschaft und höheres Bewusstsein in einen Zusammenhang gebracht. Über die Grenzen von Fachrichtungen und Disziplinen hinweg gelingt es dem Autor, ganzheitliche Thesen an die gesellschaftliche Wirklichkeit zu koppeln. Eine Pioniertat.

Das Scorpio-Konzept weist einen zweiten wichtigen Unterschied zu meinem zurückliegenden Verlegerleben auf: Erstmals führte ich Natur- und Geisteswissenschaften in ungewöhnlichen Buchprojekten zusammen. Damit setzte ich Erfahrungen um, die weit in die Vergangenheit zurückreichten. 1988 hatte ich während des inzwischen legendären Kongresses »Geist und Natur« in Hannover Gelegenheit, zahlreiche führende Wissenschaftler, darunter viele Nobelpreisträger, zusammen mit spirituellen Lehrern auf dem Podium zu erleben. Es war ein einzigartiges Zusammentreffen: Erstmals wurden Philosophie, Naturwissenschaft und Religion in einen Annäherungsprozess gestellt. Die Veranstalter beabsichtigten, ein ganzheitliches Bild des Menschen zu entwerfen, der als geistiges Wesen Teil der Natur sei.

Besonders berührte mich, dass ein Politiker, der damalige Ministerpräsident Niedersachsens Ernst Albrecht, ungewöhnlich deutliche Worte fand. In seiner Eröffnungsrede sagte er: »Unsere Einstellung zur Natur und unsere Sicht des Menschen in der Natur haben sich in den letzten Jahren tiefgreifend gewandelt. Die moderne Technik, dieses Kind der Naturwissenschaft, hat uns gelehrt, dass wir mit den klassischen linearen Vorstellungen von der Natur nicht auskommen, dass wir einen Weg finden müssen, der durch das Verhältnis von Einheit und Vielheit, Geist und Natur hindurchführen kann.«

Und er schloss: »In dem Maße, wie die moderne Technik etwa durch Raketen oder durch die Telekommunikation den Raum überwindet, aber auch in dem Maße, wie eben diese Technik globale Gefährdungen mit sich bringt, wird die Welt tatsächlich versagen. Ich meine, dass es höchste Zeit ist, dass westliche und östliche Welt- und Gotteserfahrung sich begegnen.«

Hier zeichneten sich ganz andere als die gewohnten Handlungsmöglichkeiten ab. Die Begegnungen mit dem neuen Denken weckten mein Interesse an den existenziellen Fragen des Lebens: Woher kommen wir? Wie entsteht Leben? Was geschieht, wenn wir sterben? Warum werden Menschen krank? Vor allem aber: Warum leben wir in einer Welt der Katastrophen und der Orientierungslosigkeit? Welche Perspektiven gibt es, die Welt zu verändern? Haben wir noch Alternativen zu der Art und Weise, wie wir heute leben? Können wir unser Bewusstsein entwickeln?

Unvergesslich ist mir, wie während dieses Kongresses »Geist und Natur« ein junger Physiker den britischen Nobelpreisträger Sir John Eccles fragte: »Sie haben doch alles wissenschaftlich erforscht und analysiert. Können Sie mir sagen, woher der Mensch sein Bewusstsein hat?« Sir John, der bereits über achtzig Jahre alt war, antwortete ebenso einfach wie authentisch: »Das hat Gott ihm gegeben.« Es war das erste Mal, dass ich einen Naturwissenschaftler so selbstverständlich von einer spirituellen Instanz sprechen hörte.

Heute gehören sowohl Physiker als auch Mediziner und Psychologen zu den Autoren des Scorpio Verlags. Die Ausrichtung ist interdisziplinär, so wie am Esalen Institute in Kalifornien, wo ich erstmals die Verknüpfung verschiedener Disziplinen und Forschungsrichtungen, verbunden mit spirituellen Lehren, erlebte. Aus dieser fächerübergreifenden Konzeption bilden sich viele Berührungspunkte für die Forscher, und in aller Einmütigkeit fordern sie angesichts der bevorstehenden Krisen einen Paradigmenwechsel.

Ursprünglich bedeutete dieser Begriff einen neuen Blickwinkel auf ein wissenschaftliches Feld, oft wurde der Begriff des Paradigmas gleichbedeutend mit Weltanschauung verwendet – die Sicht auf die Welt. Die gesamte Wissenschaftsgeschichte ist durchzogen von Paradigmenwechseln, die intellektuelle und gesellschaftliche Phasensprünge darstellen.

Immer wieder machten neue Erkenntnisse alte hinfällig und erschlossen Perspektiven neuer systemischer Konzepte. Wenn also das zentrale Paradigma einer Wissenschaft als Grundlage des Forschens ungültig wurde, so musste neu gedacht werden. Daraus ergab sich auch eine veränderte Bewertung von Fakten, und anschließend war der Weg frei für eine Neuausrichtung.

Wie weit die Konsequenzen gehen, belegt das Beispiel Galileo Galileis. Ihm voraus ging ein großer Paradigmenwechsel, und er war gleichzeitig ihr konsequentester Akteur. Nikolaus Kopernikus hatte als Erster erkannt, dass die Erde nicht das Zentralgestirn unseres Universums ist, sondern ein Planet neben anderen, der um die Sonne kreist. So beschrieb er das heliozentrische Weltbild, das die Sicht des Menschen auf die Welt auf den Kopf stellte. Mit dem Ende des sogenannten geozentrischen Weltbilds, das auf Ptolemäus und die alten Griechen zurückgeht, blieb nichts, wie es war. Kopernikus aber konnte dieses neue Paradigma noch nicht beweisen, er stellte nur Hypothesen auf. So war es Galileo Galilei, der die Beweisführung vorantrieb. Diese neue Weltsicht entmachtete den Menschen als Zentrum des Universums, stellte die Frage nach Gott neu und rief natürlich die Kirche als schärfsten Widersacher des neuen Paradigmas auf den Plan. Galilei, der seine letzten zehn Jahre unter Hausarrest verbringen musste, begründete mit seinen astronomischen Beobachtungen, für die er erstmals ein weiterentwickeltes Fernrohr benutzte, zugleich die moderne Astronomie. Ohne ihn hätte niemals ein Mensch seinen Fuß auf die Oberfläche des Mondes gesetzt. Ohne ihn wäre aber auch der Mensch als Krone der Schöpfung nicht derart früh infrage gestellt worden. Daraus ersieht man, wie stark Naturwissenschaft und Geisteswissenschaft vernetzt sind, da sie sich gegenseitig bedingen.

Die klassischen Paradigmenwechsel wurden von Physikern ausgelöst. Oft setzten sie sich anfangs nur mühsam gegen die herrschende akademische und auch kirchliche Doktrin durch. Ein Bogen spannt sich von den alten Griechen über Kopernikus, Galileo Galilei, die Pioniere der Atomphysik wie Heisenberg und Einstein bis hin zur Forschungsavantgarde unserer Tage, die an bahnbrechenden Erkenntnissen arbeitet, gleichzeitig aber um Anerkennung kämpfen muss. In über dreißig Laboren weltweit wird momentan die Zellforschung vorangetrieben, mit Ergebnissen, die die Definition des Menschseins verändern werden. So konnte man nachweisen, dass menschliche Zellen Informationen enthalten. Entgegen bisheriger Theorien ist das Erbgut im Zellkern in der Lage, Informationen aufzunehmen und zu speichern – eine revolutionäre Entdeckung, weil sich hier eine geistige Evolutionstheorie ankündigt, die weitreichende Folgen für das Selbstverständnis des Menschen haben wird: den Paradigmenwechsel in ein neues Zeitalter.

Wenn sich alle Informationen, alle Erfahrungen, alle Lernprozesse genetisch weitervererben, so kann man davon ausgehen, dass der Mensch eine gewisse Krisenkompetenz besitzt, unabhängig von den Inhalten, die er im Laufe seiner individuellen Biografie erlernt hat. Ein uraltes Wissen würde ihn leiten, spürbar als Intuition.

Haben wir nicht tatsächlich einen Gefahreninstinkt? Er mag verdeckt sein von zivilisatorischen Randbedingungen, doch das, was wir als »Bauchgefühl« bezeichnen, enthält eine überraschend präzise Wahrnehmungsqualität. Bei Tieren ist sie sichtbarer. Sie verkriechen sich lange vor einer Sonnenfinsternis, sie fliehen in höher gelegene Gebiete schon Stunden vor einem Tsunami. Naturvölker orientierten sich daher schon immer am Verhalten der Tiere, um Gefahren rechtzeitig zu bannen.

Jenseits von Logik und Verstand gilt es, solche Fähigkeiten zu entwickeln und zu schulen. Auf der geistigen Ebene ist der anstehende Paradigmenwechsel charakterisiert durch das ganzheitliche Denken, das bisher nur theoretisch formuliert werden konnte. Was ist Leben? Was ist Geist? Wie entstehen Gedanken? Diese Fragen lassen sich schon bald auf neue Weise beantworten. Die Sprengkraft der Antworten wird darin liegen, dass erstmals Geist und Materie als Einheit betrachtet werden. Die Naturwissenschaft stellt zurzeit ein neues Paradigma auf, indem sie beweist, dass der Geist die Materie formt, nicht umgekehrt. Damit kehren wesentliche Fähigkeiten des Menschen in den Diskurs zurück: Intuition, Bewusstsein, Gefühl – alles, was neben der reinen Rationalität existiert.

Die Ausstrahlungskraft dieser Erkenntnisse ist kaum zu ermessen. Erstmals wurde der Vorrang des Geistes bestätigt, in einer Wissenschaft, die sich als rein materiell und faktenbasiert betrachtet hatte. Wenn aber Geist und Bewusstsein die Wirklichkeit gestalten, können wir ernsthaft über eine qualitative Erneuerung unserer westlichen Industriegesellschaft nachdenken, die alle Systemzwänge überschreitet. Die wichtigsten Impulse hierfür gibt uns die Physik. Sie extrapoliert aus naturwissenschaftlichen Fakten eine neue Sicht auf Spiritualität, auf die Realisierung von Visionen, auf ein Weltbild, das sich nicht im Materialismus erschöpft.

Was sich momentan vollzieht, ist elementar. Ohne solche Paradigmenwechsel, die schlagartig neue Handlungsoptionen erschließen, gäbe es keine spektakulären zivilisatorischen Entwicklungen. Die Geschichte zeigt, dass sich bahnbrechende Revisionen auch im übertragenen Sinne beobachten lassen.

Historische Beispiele für gesellschaftliche und kulturelle Paradigmenwechsel sind etwa die Erfindung des Buchdrucks, Martin Luthers neunundneunzig Thesen, die Entdeckung Amerikas oder die Französische Revolution. Auch die Ablösung des antiken Denkens durch das christliche Denken im ersten Jahrtausend gehört in diesen Kontext.

Alle diese Ereignisse veränderten das Denken und Fühlen, das Forschen und das Zusammenleben, den Blick auf die Welt von Grund auf. Paradigmenwechsel, ganz gleich, in welchem Bereich sie ursprünglich erfolgten, können die Umwertung aller Werte nach sich ziehen. Das geschah sehr eindrucksvoll durch die politischen Paradigmenwechsel der jüngeren Geschichte nach 1945. Das Trauma des Zweiten Weltkriegs entfaltete zunächst eine äußerst heilsame Wirkung, weil danach Annäherungsprozesse in den Vordergrund rückten, Ziele wie Verständigung, Annäherung und Versöhnung.

In der Wirtschaft vollzog sich mit dem Demokratisierungsprozess der Wandel zur sozialen Marktwirtschaft, Verantwortung und soziale Gerechtigkeit waren die neuen Paradigmen. Jeder sollte ein Recht auf eine menschenwürdige Existenz erhalten, auch dann, wenn ihn Alter, Krankheit oder Arbeitslosigkeit an die Peripherie der Leistungsgesellschaft zu drängen drohten. Der alte Manchesterkapitalismus, die Vorstellung, man könne Arbeiter unbegrenzt ausbeuten, wurde damit überwunden und durch die Idee der Solidargemeinschaft ersetzt.

Umbrüche folgten. Mit der Achtundsechziger-Bewegung gerieten wieder neue Werte in den Blick. Die Studenten kritisierten alte Autoritätsansprüche, rigide Moralvorstellungen und überkommene Lebensformen. Die Frauenbewegung formierte sich, eine befreite Sexualität wurde propagiert, basisdemokratische Gruppen erprobten Gegenmodelle zu starren Hierarchien – notwendige gesellschaftliche Erneuerungsprozesse wurden eingeleitet.

Diese Umbrüche habe ich sehr intensiv miterlebt. Ich stand zwar nicht in vorderster Front, aber auch als Beobachter empfand ich diese Entwicklungen als große Befreiung. Die Altlasten des »Dritten Reichs« wurden hinweggefegt und damit die Untertanenmentalität, die noch lange auf allen gesellschaftlichen Institutionen gelastet hatte. Individualität gewann an Bedeutung, persönliche Freiheit, auch das Prinzip Verantwortung. Alle profitieren wir heute noch davon. Es ist kaum auszudenken, wie unsere Gesellschaft aussähe, wenn die Studentenbewegung nicht stattgefunden hätte. Von der Bildungspolitik bis zur Partnerschaft, von der Bürgerinitiative bis zur Popmusik sind die Auswirkungen immer noch spürbar.

Zwei der unmittelbaren Folgen dieser Umbruchzeit waren die Umweltbewegungen und die Gründung der Partei der Grünen. Zunächst wurden diese Gruppen belächelt. Heute sind die Grünen eine wichtige politische Kraft und auf dem Weg zur Volkspartei. Und Greenpeace ist aus einer Handvoll engagierter Umweltschützer zu einer weltweiten Organisation gewachsen, an der niemand mehr vorbeikommt – und sowohl Firmen als auch Regierungen müssen sich heute rechtfertigen, wenn sie gegen Greenpeace agieren.

Nicht jeder Paradigmenwechsel allerdings ist gleichbedeutend mit einem Fortschritt, der diesen Namen verdient. Oft ist nicht abzusehen, was ein neues Paradigma in seinem Kern enthält. Der Vormarsch des Computers und die Erfindung des Internets beispielsweise ziehen Folgen nach sich, deren Bewertung durchaus zwiespältig ist. Das Paradigma der Kommunikation ist zweifellos ein anderes geworden, seit wir ans globale Netz angeschlossen sind. Wir können auf einer Almhütte mit einem Freund in Australien chatten, Kinoprogramme recherchieren oder Regierungserklärungen und Sportübertragungen als Lifestream miterleben. Alles scheint möglich.

Anfangs herrschte daher eine große Euphorie. Man schwärmte von frei zirkulierenden Informationen und mündigen Bürgern, die partizipieren würden an der medial vermittelten Öffentlichkeit. Mittlerweile diskutieren wir über die Macht von Google und die Verletzung der Persönlichkeitsrechte durch Facebook. Die Dialektik des technischen Fortschritts, die Gleichzeitigkeit von Chance und Gefahr, sind heute jedem bewusst.

Beim Stichwort Globalisierung sind wir von Anfang an skeptischer gewesen. Es lag auf der Hand, dass global vernetze Konzerne wesentlich effizienter handeln konnten als Unternehmen, deren Einfluss regional blieb. Doch sehr schnell wurde auch offenbar, dass damit eine undurchschaubare Machtstruktur entstand. Seit Jahren kann kein Politiker, kein Wirtschaftskapitän nur regional denken und entscheiden. Sie alle sind vielmehr abhängig von globalen Entscheidungsträgern.

Generell kann man unterscheiden zwischen kleineren Paradigmenwechseln und fundamentalen. Während die kleineren nur punktuelle Verschiebungen nach sich ziehen, enthalten die großen das Potenzial, ein neues Weltbild entstehen zu lassen. Die Menschen akzeptieren daraufhin, was sie vorher nicht akzeptieren wollten oder konnten. Diese Ideen fließen anschließend in den Mainstream ein und verwandeln irreversibel die Gesellschaft, die Art zu denken und zu interpretieren, die Art zu handeln und Entwicklungen vorauszusehen.

Heute konzentriere ich mich darauf, den großen Paradigmenwechsel hin zu einer spirituell gereinigten Gesellschaftsordnung zu begleiten. Was einst während einer nächtlichen Taxifahrt begann, ist inzwischen zu einer Bewegung Gleichgesinnter geworden. Fast täglich erreichen mich Anrufe und Mails von Autoren, die meine Botschaft verstanden haben. Sie wollen wirken, nicht verkaufen. Sie wollen an der kollektiven Transformation teilhaben, die mir am Herzen liegt.

Das Bedürfnis der Leser nach Antworten ist da, so wie die Sehnsucht nach Sinn und Halt. Ob Harry Potter, Bella Swan oder Jake Scully, sie alle tragen die Kraft der Veränderung in die Welt. So wie die avancierten Philosophen und Wissenschaftler, die sich in den Dienst des erwachenden Bewusstseins stellen. Und ich bin davon überzeugt: Jeder positive Gedanke trägt die Option zum Wandel in sich. Ich habe nicht verlernt zu hoffen, dass eines Tages der Bewusstseinswandel zum Mainstream werden wird.

3. KAPITEL

Wandel kontra Wachstum

Das Diktat der Ökonomie entlarvt sich als Ideologie

In den beiden ersten Kapiteln ging es um einen transformierten Kapitalismus und um die spirituelle Transformation der Wirtschaftselite. Diese Überlegungen mündeten in die Beobachtung, dass sich ein umfassender Paradigmenwechsel ankündigt, der sich im kollektiven Bewusstsein als Sehnsucht nach transformierten Helden in Büchern und Filmen ausdrückt. Wir sprechen hier von einer globalen Bewegung, in der moralisches Handeln oberstes Prinzip ist. Zugleich geht es um Werte wie Nachhaltigkeit und Ganzheitlichkeit.

Andererseits ist nicht von der Hand zu weisen, dass mit der fortschreitenden Ökonomisierung aller Lebensbereiche ein starker Gegenkurs zu überwinden ist. Deshalb lohnt sich ein genauer Blick auf das Finanzsystem und seine Machtansprüche, um zu verstehen, wie das alte Bewusstsein wirtschaftliche Prozesse steuert. Denn wir haben es mit einem System zu tun, das alle politischen, gesellschaftlichen und kulturellen Strukturen bereits erreicht hat und diese vereinnahmt.

»Money makes the world go round«, sang Liza Minelli in der Verfilmung des Musicals »Cabaret«. Die Songzeile ist zum Motto einer Finanzwelt geworden, die sich inzwischen als amtierende Weltregierung versteht. Politiker kommen und gehen, Parteien gewinnen eine Wahl und verlieren die nächste – die Strukturen der Finanzinstitute und Börsen aber bleiben. Ihre Kontinuität ist es, die ihnen unendliche Macht verleiht. Ihr Einfluss ist universal, ihre Regeln und Gesetze wandeln sich kaum.

So ist es nur folgerichtig, dass die Ereignisse der Finanz-welt sich immer mehr von realen Werten abkoppeln. Die Summe der Produkte und Dienstleistungen, die ein börsenno-tierter Konzern erbringt, kann über Nacht vernichtet werden, wenn die Konzernaktie ins Bodenlose fällt. Das beste Manage-ment, die klügste Investitionsstrategie können nicht verhin-dern, dass ein Unternehmen in den Abgrund gerissen wird. Über sein Schicksal wird anderswo entschieden, dort, wo Bör-senmakler kaufen und verkaufen, wo vage Gerüchte Haussen und Baissen erzeugen, wo ungeniert gepokert wird.

Sichtbar wird das, wenn man sich die ungeheure Beschleu-nigung der Börsenaktivitäten vor Augen hält. Im Jahr 1996 wurden an der Schweizer Börse 45 Transaktionen pro Sekunde getätigt. Im Jahr 2008 waren es etwa 3000 Transaktionen pro Sekunde. Das ist die reale Beschleunigung der Finanzwelt, und allein der gesunde Menschenverstand sagt uns, dass sich diese Transaktionen völlig unabhängig vom realen Geschehen ereig-nen müssen. Oder will uns wirklich jemand glauben machen, dass tatsächlich 3000 wertrelevante Aktionen pro Sekunde, ich wiederhole: pro Sekunde, in den börsennotierten Unterneh-men stattfinden würden?

Ein Blogger kommentierte diese Entwicklung mit den Wor-ten: »Der Kapitalismus hat das natürliche Tempo der Evoluti-on um ein Vielfaches erhöht. Die unsere Welt regierenden wirtschaftlichen Systeme haben eine perverse Eigendynamik bekommen. Dieses Tempo halten die sozialen Systeme, hält der Mensch nicht mehr aus. Wir werden fragil, dünnhäutig, depressiv und neigen zu Kurzschlusshandlungen, bis hin zum Burn-out.« Woher aber rührt diese rasante Beschleunigung?

Was wir heute als globales Finanzsystem betrachten, ist ein Metasystem, in dem letztlich Wetten auf Gewinn und Verlust abgeschlossen werden. Ihre Logik ist das Spiel mit hohen Ein-sätzen. Aberwitzige Kursgewinne und gigantische Kursein-brüche entstehen dabei, und spätestens am 15. September

2008, als die Lehman Brothers Bank Insolvenz anmeldete, wurde selbst Laien klar: Hier haben Akteure freie Hand, die die Welt als Casino begreifen.

Im September 2008 wurde ein Turning Point erreicht. Er markiert ein Datum, an dem der wahre Charakter des Geldmarkts offenbar wurde: Er präsentiert sich als eine Ideologie. Es ist die Ideologie der freien Kräfte des Marktes, die Ideologie der Selbstregulierung von Geldflüssen, die Ideologie eines unbedingten Machtanspruchs. Das mag eine ungewohnte Interpretation sein.

Wenn wir von Ideologien sprechen, meinen wir im Allgemeinen genuin politische Weltanschauungen, die zur Rechtfertigung von Machtverhältnissen eingesetzt werden. Augenfällig sind etwa der Nationalsozialismus oder der Kommunismus, auch Liberalismus und Konservatismus oder religiös motivierte Ideologien wie die Idee eines islamistischen Gottesstaates.

Im Gegensatz etwa zur Demokratie unterbinden Ideologien die Meinungsfreiheit, verfolgen Andersdenkende oder grenzen sie aus und setzen die eigenen Interessen notfalls mit Gewalt durch. Sie treten als unantastbar auf, nicht kritikfähig. Ihre Legitimation anzuzweifeln, gilt als Sakrileg.

Kaum anders verhält es sich mit der Finanzideologie unserer Tage. Sie hat alle geistig-politischen Prozesse unterwandert und beansprucht unbedingte Deutungsmacht. Das ist keinesfalls eine Übertreibung. Die deutsche Regierung legte 2009 ein milliardenschweres Rettungspaket auf, um marode Banken zu stabilisieren. Bei der Diskussion um die Rettungsaktionen wurde den Entscheidern mit Entsetzen klar, dass bestimmte Institute zu groß und mächtig waren, um sie in den Konkurs zu entlassen.

Vor aller Augen wurde dokumentiert, dass die Ideologie des Finanzsystems Vorrang hatte vor politischer Raison und fundierter Fachkritik. Kopfschüttelnd nahm man zur Kenntnis, dass sich die Politik offenbar im Würgegriff des Kapitalmarkts befand. Selbst hoch verschuldet, sind Regierungen gleichsam erpressbar durch sogenannte Sachzwänge: Entweder ein Staat zahlt, oder er entzieht sich selbst die Grundlage seiner Handlungsfähigkeit. Die Vertreter der Hochfinanz dagegen wähnen sich im Recht. Sind sie es nicht, die einen Staat wie Deutschland finanzieren? Obwohl die Bürger Steuern zahlen und zum Haushalt beitragen – ohne die Banken würde das Staatskonstrukt von einem Tag auf den anderen zusammenfallen wie ein Kartenhaus.

Es gehört zum ideologischen Rüstzeug der Finanzwelt, dass ihre Geldflüsse zum Segen der Menschen zirkulierten. Immer wieder wird darauf hingewiesen, dass funktionierende Gesellschaften auf einen autarken Finanzmarkt angewiesen seien. Lange Zeit war das sogar richtig. So lange, wie Banken Kredite für Investitionen gewährten, mit denen Unternehmen Arbeitsplätze schaffen und notwendige Produkte erzeugen konnten und in der Folge genügend Steuern zahlten, um eine gerechte Sozialpolitik zu ermöglichen. Doch diese schöne Vision eines »Win-win«-Systems, in dem alle profitieren, ist zerstoben. Heute, so der Volkswirtschaftler Karl Georg Zinn, sei der Wirtschaftsliberalismus nichts weiter als eine »Rechtfertigungsideologie der Konkurrenzgewinner«.

Die Gefahren, die damit einhergehen, reichen weit über die Risiken hinaus, die Börsenwetten für die Realwirtschaft bedeuten. Die Stabilität von Politik und Gesellschaft hängt inzwischen wesentlich vom internationalen Finanzmarkt ab. Als 2010 die führenden Ratingagenturen Griechenlands Kreditwürdigkeit herabstuften, kam es dort zur ökonomischen Beinahe-Katastrophe. Doch es geschah noch mehr: Wütende Demonstranten gingen in Athen auf die Straße und zündeten Autos an. Einige stürmten eine Bank und legten Feuer – drei Angestellte kamen dabei ums Leben.

Es spricht viel dafür, dass dies erst der Anfang einer politischen Destabilisierung finanzschwacher Länder ist. Sie erschöpft sich nicht in spontanem Protest, auf Dauer wird die Verunsicherung der Bevölkerung ein Ventil in radikalen politischen Gruppierungen suchen. Alles ist möglich, bis hin zur Renaissance faschistoiden Gedankenguts. Gerade in Deutschland zogen 2008 viele Beobachter eine Parallele zur Weltwirtschaftskrise Ende der zwanziger Jahre, die zum Fall der Weimarer Republik führte und Hitlers Aufstieg den Boden bereitete. Mancher sah schon einen neuen Faschismus heraufdämmern.

Andere Theoretiker vergleichen die jetzige Stimmung mit dem Unmut der Bevölkerung in Frankreich vor 1789. Das aufgebrachte Volk wollte sich damals nicht länger betrügen lassen. Es holte sich, was man ihm verwehrte: seinen Anteil am Wohlstand, für den es hart gearbeitet hatte. Ähnlich sehen heute viele Menschen nicht mehr ein, dass ihre Arbeitskraft und ihre Ersparnisse von einem Tag auf den anderen wertlos werden könnten. Das Gros der Bevölkerung ist unzufrieden, und ein winziger Funke könnte genügen, um die Flamme der Empörung zu entzünden.

Ein erstes Anzeichen des Unmuts ist, dass immer lauter das Ende der Europäischen Union gefordert wird. Umfragen ergeben, dass sich viele die Wiedereinführung der D-Mark wünschen. Das Bedürfnis nach überschaubaren wirtschaftlichen Zusammenhängen wächst, je stärker die finanzpolitischen Unterschiede zutage treten. Diese beruhen wesentlich auf historisch entstandenen Mentalitätsdifferenzen und werden jetzt, in den Krisenzeiten, überdeutlich.

Großbritanniens Identität beispielsweise gründet nach wie vor auf dem Selbstverständnis der ehemaligen Seefahrernation und Kolonialmacht. Schickte es früher seine Flotten über die Weltmeere, so sind es heute die Produkte aus dem Finanzdistrikt der Londoner City, mit denen es die Welt erobert. Die Franzosen dagegen sind stark geprägt durch die Grande Revolution. Sie hinterließ eine hohe Wertschätzung des sozialen

Gefüges und macht die Bevölkerung äußerst sensibel für drohende Einschränkungen im Sozialbereich. Sobald ein Politiker einschlägige Sparprogramme vorlegt, werden die Gewerkschaften aktiv, die weit mächtiger sind als in anderen europäischen Ländern. Und in Deutschland herrscht im Vergleich zum Nachbarland und zur Insel vor allem eine tief verankerte Angst vor Schulden und Inflation.

Wie lange hält die EU solche Unterschiede noch aus? Finden sich die Deutschen weiterhin mit der Rolle des Zahlmeisters ab, die politisch schon lange nicht mehr vermittelbar ist. Die Gefahr, dass Europa auseinanderdriftet, politisch und kulturell, ist mit Händen zu greifen, wie auch der Rückfall in alte Feindschaften und alte Vorurteile. Die Ratingagenturen steuern diese Abläufe, indem sie Bonitäten festlegen – ohne Rücksicht auf solche Implikationen.

Dass es bisher nicht zum Zusammenbruch Europas gekommen ist, liegt an einer Notreaktion: Die Regierungen lassen ihre Notenbanken mehr Geld drucken und in Billionendimensionen in den Kreislauf pumpen, damit sich das Desaster von 1929 nicht wiederholt. Einmal mehr wurde der Mechanismus bedient, dass eine Krise kurzfristig mit Maßnahmen gestoppt wird, die sogleich eine weitere Krise erzeugen können: eine Inflation. Wer hätte es vor fünf Jahren für möglich gehalten, dass ein Begriff wie Staatsbankrott ganz selbstverständlich die Schlagzeilen bestimmt? Mittlerweile redet man in diesem Zusammenhang nicht nur von Griechenland, sondern auch von Italien, Portugal, Spanien, Irland oder gar Frankreich.

Die Lage ist ernst. Das Verhältnis von Schuldenquote und Bruttosozialprodukt ist in die Schieflage geraten. Schon den Status quo zu halten, fällt schwer. Wenn fast die Hälfte des Geldes, das ein Land zur Verfügung hat, für die Schuldentilgung benötigt wird, steht es kurz vor dem Kollaps. Griechenland ist nur die Spitze des Eisbergs. Viele Experten halten selbst ein Land wie die USA für bankrott. Der Grund ist ebenso simpel wie ernüchternd: Die Volkswirtschaft dieser Nation ist ein fragiles Gebilde, gebaut auf Schulden, die niemals zurückgezahlt werden können.

Das Beispiel Island zeigt zwar, dass ein Staatsbankrott ökonomisch gesehen keine Katastrophe bedeuten muss. Das Land verschwand nicht, das Leben ging weiter. Dennoch macht die Tatsache eines rettungslos überschuldeten Staates den Menschen Angst. Sie wissen, dass sie sich auf dünnem Eis bewegen, und blicken unsicher und besorgt in die Zukunft. Solche Ängste bilden den Raum für Kräfte, die das entstandene Vakuum für extreme politische Positionen ausnutzen. Immer lauter werden daher die Stimmen, die eine Sozialbindung des Kapitals fordern und neue Gesetze, die fahrlässige Spekulationen verhindern. Doch reicht das aus?

Dass die Akteure des Finanzsystems inzwischen vor allem unter moralischen Gesichtspunkten diskutiert werden, erwähnte ich bereits. Wie nie zuvor fragt eine sensibilisierte, bewusste Öffentlichkeit nach der ethischen Bonität ihrer Führungselite. Aber kann man eine ethische Verpflichtung für die Protagonisten des Finanzbusiness überhaupt einfordern? Die Debatte darüber ist weit mehr als ein politisches Thema. Sie justiert das moralische Empfinden der gesamten Gesellschaft neu. Denn welche Regularien auch von der Politik eingeführt werden, letztlich ist es das Unrechtsbewusstsein des Einzelnen, das über verantwortliches oder rücksichtsloses Handeln entscheidet.

Und noch etwas wird offenbar: Die Finanzkrise war und ist ein Spiegel für viele, für uns alle. Wir müssen uns fragen, wie es denn um unsere eigene moralische Integrität bestellt ist. Waren die gewissenlosen Spieler in New York und anderswo Einzeltäter? Oder stehen sie nur stellvertretend für eine Gesellschaft ohne Moral, ohne Werte, ohne Orientierung? Psychologen und Soziologen wissen: Der offene Diskurs über

Verfehlungen Einzelner ist immer auch ein verdeckter Diskurs über das Kollektiv. Oder, im Hinblick auf das erwachende Bewusstsein: Durch Abweichungen vom Moralkonsens werden die moralischen Standards des Bewusstseins indirekt neu definiert.

Das Ergebnis dieser kollektiven Selbstanalyse ist zwiespältig. Denn es wird deutlich, dass transformierte Gruppen und unreflektierte Gruppen sich zunehmend voneinander entfernen. Moraltheologisch könnte man auch sagen: Der Pendelausschlag zwischen »Gut und Böse« vergrößert sich. Damit erlebt ein Begriff eine Renaissance, der in unseren säkularen Zeiten verschwunden schien, die Sünde.

Das Magazin »Der Spiegel« lancierte vor einiger Zeit eine Geschichte mit dem Titel »Der Triumph der Sünde«. Sie spielte auf die sieben Todsünden an, die in der katholischen Theologie genannt werden: Superbia – Hochmut, Eitelkeit, Stolz; Avtaria – Geiz, Habgier; Luxuria – Wollust, Genusssucht, Ausschweifung; Ira – Zorn, Vergeltung, Rachsucht; Gula – Völlerei, Maßlosigkeit, Selbstsucht; Invidia – Neid, Missgunst, Eifersucht; Acedia – Faulheit, Feigheit, Ignoranz.

Ohne in Klischees zu verfallen, lassen sich diese Eigenschaften und Verhaltensweisen bei kriminellen Finanzjongleuren wie Bernard L. Madoff leicht wiedererkennen. Hochmut, Habgier, Genusssucht, Rachsucht, Maßlosigkeit, Missgunst, Ignoranz – diese inneren Haltungen beschreiben sehr genau das übersteigerte Ego eines Anlageberaters, der mit den Möglichkeiten seiner Profession spielt und seine Anleger kalt lächelnd in den Ruin treibt. Offensichtlich fand Madoff keine Grenzen vor, die ihn davon abgehalten hätten – weder eine innere moralische Instanz noch gesetzliche Regulative.

Seine Unverfrorenheit und die uneingeschränkte Freiheit, die er offenbar genoss, halte ich für skandalös. Auf der anderen Seite bin ich davon überzeugt, dass wir heute solche Vorfälle brauchen, um uns zu besinnen und unser Bewusstsein zu prüfen. So wie die Rechtsprechung Präzedenzfälle braucht, an denen sie ihr Instrumentarium überprüft, brauchen wir extremen Machtmissbrauch, der uns den alltäglichen Machtmissbrauch vor Augen führt.

Die Finanzkrise, so hart sie auch viele traf, war ein notwendiges Ereignis. Sie war eine Art moralisches Purgatorium, weil sie heftigste Debatten anstieß, die sonst nur weiterhin, wenn überhaupt, am Rande des Geschehens, vielleicht in kleinen Zirkeln von Insidern, denen ohnehin kaum Aufmerksamkeit oder Glauben geschenkt wird, stattgefunden hätten. So aber geriet nicht nur das Finanzsystem als solches in die Krise, sondern der Sinn, den es behauptet. Als immer mehr Details über die Gepflogenheiten der Banker und Broker an die Öffentlichkeit drangen, entfachte dies eine Grundsatzdiskussion, die überfällig war: Wie wollen wir künftig wirtschaftliche Prozesse steuern? Welchen Typus von Entscheider brauchen wir an der Spitze? Kann das System transformiert werden, oder steht seine Abdankung, sein Ende bevor?

Mit dem Kriterium der Sünde steht die moralische Legitimität der globalen Ökonomie vollends auf dem Prüfstand. Auf einmal formulieren immer mehr Kritiker ihre Empörung angesichts einer Maßlosigkeit, die geradezu alttestamentarische Ausmaße erreicht. Der Sündenfall der Weltgesellschaft, welch ein Paradigma wird da neu entfaltet. Niemand konnte vorhersehen, dass uralte Vorstellungen von Hybris eine Renaissance erleben würden – und damit die Vorstellung einer gotteslästerlichen Selbstüberschätzung des Menschen, der keine übergeordneten Werte mehr anerkennt.

Nicht von ungefähr wurde der neue, neunhundert Meter hohe Büroturm in Dubai mit dem biblischen Turmbau zu Babel verglichen. Das Emirat am Persischen Golf ist heute ein Sinnbild für die Spekulationsblase, die rund um den Globus Neuauflagen erlebt – bis eine neue Krise sie zum Platzen bringt und die Investoren weiterziehen. Der gefühlte Kommentar zu dieser Entwicklung lautet: Der Mensch hat sein Maß verloren, das Gefühl dafür, was man tut und nicht tut.

Eine uralte Empfindung bricht sich Bahn, die wir aus dem Schamanismus, aus den Naturreligionen und auch aus den großen monotheistischen Religionen kennen: Du darfst die Götter, respektive deinen Gott, nicht herausfordern. Du darfst nicht wähnen, dass du ihm gleichst. Du musst erkennen und respektieren, welches deine Position im großen Weltgefüge ist. Das unterscheidet die Debatte um unsere Führungseliten von pragmatischen Überlegungen, welche Gesetze sie bändigen sollten. Das Thema ist ein anderes geworden: der maßlose Mensch, der sich »an der Schöpfung versündigt«.

Auf einmal werden strukturelle Parallelen sichtbar. Sogenannte Finanzhaie gerieren sich wie Potentaten, wie die Herren der Welt, und ihre Handlungsweisen und Haltungen gleichen dem Habitus multinationaler Konzerne, die ebenfalls mit dem Anspruch von mit Macht ausgestatteten Herrschenden auftreten. Diese Riege hat den Kontakt zur Realität und zu sich selber verloren. Nur so kann »die Sünde triumphieren«, um es pathetisch auszudrücken. Ungestraft und unbekümmert versündigen sie sich am Wohl und Wehe von Millionen von Menschen.

Das moralische Argument ist alles andere als abstrakt. Ohne das Prinzip Verantwortung kann keine Gesellschaft überleben – das haben all jene verstanden, deren Ohnmacht sich zurzeit in einen artikulierten Protest verwandelt. So lässt sich mittlerweile von einer Bewegung sprechen, die auf einem hohen Reflexionslevel arbeitet und immer mehr Anhänger um sich schart. In England beispielsweise wurde vor kurzem eine Organisation gegründet, die sich »Citizen ethics network« nennt. Ihre Mitglieder sind keine sektiererischen Weltverbesserer. Zu ihnen zählen viele Prominente, Schauspieler, Professoren.

Unlängst trafen sie sich zu einer großen Tagung in Cambridge. Wortführer waren unter anderem die Autorin Sue

Gerhardt und der Schriftsteller Richard Reeves. Sue Gerhardt stellte fest: »Nichts scheint mehr zu funktionieren. Wir sind hoch verschuldet, unsere Demokratie ist undemokratisch, unsere Kinder haben keine Aussichten, die Lage der Umwelt ist ernst.« Und Richard Reeves ergänzte: »Unser politisches System ist zerbrochen, unsere Ökonomie ist bankrott. Das ist die Zeit, in der wir leben.« Selten hat eine Bürgerbewegung mit solch wenigen klaren Worten den Ernst der Lage umrissen.

Das »Citizen ethics network« möchte eine neue Wertedebatte initiieren. Diese ist lange überfällig. Denn mit der Vernichtung ökonomischer Werte verschränkt ist die Frage nach dem Wert des Menschen. Es ist nicht zu übersehen, dass der Einzelne heute nur noch ein Rad im Getriebe des Turbokapitalismus ist. Das jedenfalls trifft für die große Mehrheit der Menschen zu, die in globalen oder auch nationalen Konzernen ihren Job tun. Unglücklich müssen sie deshalb noch nicht sein. Die Problematik liegt darin, dass sie nur ein winziges Element in größeren Organisationen sind. Sie erfüllen einen ökonomischen Zweck, und der Preis dafür ist oft sehr hoch. Denn nicht die Qualität ihrer Arbeit entscheidet über ihre berufliche Existenz, auch nicht ihre persönliche Kompetenz und Integrität, sondern Strukturen, auf die sie keinerlei Einfluss haben.

Wenn der Existenzkampf das gesamte Denken bestimmt, wenn der eigene Wert täglich bedroht ist, dann bleibt kaum noch Raum für die Frage nach den ganz individuellen Werten, die das Leben ausmachen. Wie werden Karriere und Status gewichtet, die in Konkurrenz zu Nähe und Zeit treten? Was ist wirklich essenziell? Wird man gezwungen, das intakte Familienleben und die gewachsenen Freundschaften der Karriere unterzuordnen? Ist Liebe noch ein unhinterfragbarer Grundwert?

Betrachten wir die Symptome unserer ökonomisch getakteten Gesellschaft, so weisen die Entwicklungen in eine Ar-

beitsrealität, der alles andere geopfert werden muss. Groß-
stadtnomaden ziehen von Arbeitsplatz zu Arbeitsplatz und
lassen regelmäßig ihr soziales Umfeld zurück. Der Trend zur
Single-Gesellschaft erzählt viel über die Unmöglichkeit, ein
erfülltes Familienleben aufrechtzuerhalten. Kaum jemand
hinterfragt, ob der Preis nicht zu hoch ist, den er für den Job
bezahlt. Resignierend wird akzeptiert, dass menschliche Beziehungen zerbrechen und dass alles, was die Gesellschaft
einst zusammenhielt, in den Mühlen des Kapitalismus zer-
mahlen wird.

Wer dann seine Arbeit verliert, befindet sich rasch in den
Dunkelzonen der Gesellschaft. Er wird unsichtbar, sein Wert
sinkt. Oft wird das als sozialer Offenbarungseid empfunden,
und die Frage nach Werten erscheint nur noch als Luxus, den
man sich nicht leisten kann. Wer heute arbeitslos ist, muss mit
gesellschaftlicher Diskriminierung rechnen, mit dem offenen
Vorwurf des Sozialmissbrauchs. Vom Machtmissbrauch der
Finanzjongleure spricht niemand, wenn jemand auf die Straße
gesetzt wird, weil seine Firma Opfer eines globalen Poker-
spiels geworden ist.

Dies ist der Moment, in dem die Politik Korrektive anbieten müsste, und, darüber hinaus, Alternativen einer human
verträglichen Arbeitsgesellschaft. Doch die Politik kann nur
den Ereignissen hinterherlaufen, atemlos, ratlos, ideenlos,
mit immer weniger Spielraum. Fünfzig Prozent des Staats-
haushaltes werden heute für Sozialleistungen ausgegeben,
der Anteil der sogenannten Transferleistungen wächst. Im
Klartext bedeutet das: Der Staat trägt die Kosten für das
Fehlverhalten der Wirtschaft, für das diese nicht zur Rechenschaft gezogen wird. Er bürgt für das Risiko, das andere
eingehen. So stolz wir darauf sind, dass wir in Deutschland
keinen staatlichen Ideologien mehr unterworfen sind, so sehr
beugen wir uns in Wahrheit dem ideologischen Machtan-
spruch des Geldes.

Wirtschaftskartelle aller Art haben heute eine Position erlangt, in der sie durch schiere Größe und umfassende Vernetzung selbstbewusst genug sind, um zu sagen: We are too big to fail – wir sind zu groß, um noch scheitern zu können. Und: Ihr seid auf uns angewiesen, lautet ihre Botschaft. Und: Wenn ihr uns attackiert, lässt sich die Welt nicht mehr ernähren, behaupten die Nahrungsmittelkonzerne. Und: Wenn ihr unsere Expansionspläne beschneidet, gibt es keine Energie mehr, um die Städte zu beleuchten und die Häuser zu heizen, verkünden die Energiekonzerne. Und: Wenn ihr uns schärfer kontrolliert, bricht das Bankensystem zusammen, sagen die Finanzkonzerne. Und selbst die Medienindustrie würde nach der gleichen Logik argumentieren: Wenn ihr kein massenmediales Entertainment mehr zulasst, dann wird sich die gelangweilte Masse zu Aufständen formieren.

Unter diesen Bedingungen spielt es kaum eine Rolle, dass ehrenwerte Politiker noch versuchen, sich für das Gemeinwohl zu engagieren. Der Systemfehler nistet nicht in den Ränkespielen der Parteien und den Intrigen von glatten Politkarrieristen. Der eigentliche Systemfehler liegt darin, dass der politische Hoheitsanspruch nicht mehr existiert. Nicht zuletzt die Globalisierung des Finanzmarkts hat ihn erodieren lassen. Falls ein Kanzler überhaupt noch eigene Entscheidungen trifft, hat das wenig Wirkung auf das große Ganze. Politische Ideen oder gar Visionen sind deshalb so gut wie verschwunden aus den Parteiprogrammen.

Die US-Publizistin Naomi Wolf resümierte deshalb: »Manchmal begehen die Konzerne ihre Untaten mit geheimer Zustimmung von Regierungen, aber manchmal begehen sie sie auch, obwohl eine Regierung ihr Bestes tut, um sie daran zu hindern.« Noch schärfere Worte fand einst der französische Schriftsteller und Politiker André Malraux: »In der Politik ist es manchmal wie in der Grammatik. Ein Fehler, den alle begehen, wird schließlich als Regel anerkannt.«

Die Wähler wiederum geben jenen Politikern die Stimme, die sich rhetorisch am besten aus der Affäre ziehen und nach außen hin Krisenkompetenz ausstrahlen. Natürlich dürfen diesen Politikern dabei keine unpopulären Äußerungen oder Ideen herausrutschen. Wer zugibt, dass wir in einem Wohlfahrtsstaat leben, den niemand mehr bezahlen kann, wer für Sparprogramme plädiert, die überfällig sind, wird nicht wiedergewählt. Pragmatismus wird das genannt, und doch maskiert dieser Begriff eine große Ratlosigkeit, Verleugnung und oft sogar Lügen. Nachhaltiges Handeln ist damit unmöglich geworden. Es würde der Logik kurz getakteter Rhythmen widersprechen, in denen Investoren, Börsenmakler oder Banker denken. Visionen gibt es nicht, nur den aktuellen Beliebtheitsstatus und den täglichen Börsenkurs.

Die indische Erfolgsautorin Arundhati Roy, bekannt geworden durch ihren Roman »Der Gott der kleinen Dinge«, hat einen Essayband veröffentlicht, der die Zukunft in düsteren Farben malt. Sie sieht die Demokratien in Gefahr, die gesamten politischen Systeme der westlichen Welt also. In diesem Buch »Field Notes on Democracy« (deutscher Titel »Aus der Werkstatt der Demokratie«) heißt es: »Die Politik der Massenmärkte und Wählerblöcke führt zur Mehrheitsdiktatur und schließlich zum Faschismus.« Die Tendenz, dass Demokratien nicht mehr Pluralität abbilden und respektieren, sondern nur noch auf Massenwirkung hin agieren, münde in faschistoide Strukturen. Ist so viel Pessimismus angebracht?

Auch wenn man Arundhati Roys negativer Prognose nicht in aller Konsequenz zustimmen mag, so hat sie doch Recht mit der Beobachtung, dass auch in der Politik der Mainstream regiert – wie in den Marktstrategien der Ökonomie. Und Mainstream ist nicht nur inhaltlich gemeint, sondern auch quantitativ: Es sind die großen Achsen und Allianzen, die heute die Politik bestimmen, nicht die regionalen oder gar lokalen Interessen.

Selbst ein innerlich transformierter Politiker wird heute keine Zeichen setzen können, zu übermächtig sind die globalen Kräfte, denen er sich fügen muss. Seine Gestaltungsmacht wird erst erwachen, wenn sich die nächste Krise zu einer Katastrophe steigert. Vieles spricht dafür, dass nur ein schockhaftes kollektives Erlebnis eine allgemeine Bereitschaft zum Umdenken initiieren wird.

Währenddessen schwanken die meisten Politiker in den unterschiedlichen Interessenkonflikten scheinbar orientierungslos hin und her. Denn flankiert wird das gesamte System von Lobbyisten, die in Heerscharen vor den Büros von Abgeordneten und Ministern warten. Tausende von Spezialisten belagern die Politiker und drängen auf Bündnisse hinter verschlossenen Türen. Sie tun nichts weiter, als mit allen Mitteln die Politik in ihrem Sinne zu beeinflussen, für günstige Bedingungen, die ihrem Interesse, ihrem Produkt, ihrer Firma zugutekommen.

Allianzen zwischen Wirtschaft und Politik werden täglich geschmiedet, von unseren Volksvertretern bis in die Regierungsspitzen hinein. Der Außenminister der schwarz-gelben Merkel-Regierung führt vor, wie schnell man alles verspielen kann, was in Jahrzehnten an Vertrauen und an Glaubwürdigkeit aufgebaut wurde. Der Schulterschluss von Wirtschaft und Politik hat das moralische Selbstverständnis der westlichen Regierungen ausgehöhlt. Zwänge neuer Art sind entstanden, unausgesprochene Verpflichtungen und verdeckte Ziele, die nicht offen kommuniziert werden.

Die Perversion solcher Systemzwänge wurde besonders deutlich im Kontext des Rücktritts des Bundespräsidenten. Ganz gleich, wie man die Entscheidung Horst Köhlers bewertet, sehr aufschlussreich war das Machtspiel, das sich anschloss. Die Medien befeuerten es, und eine Schlagzeile ist mir in besonders unguter Erinnerung. Sie brachte ein Ultimatum der FDP zum Ausdruck, zusammengefasst in der Forderung: Wir wählen Christian Wulff, den Kandidaten Angela Merkels, nur dann, wenn die schwarz-gelbe Koalition Steuererhöhungen ausschließt.

Die Wahl des höchsten Repräsentanten eines demokratischen Landes ist ein Stück Symbolpolitik. Vorausgesetzt sind Kandidaten von parteiübergreifender Akzeptanz mit dem Potenzial und der Fähigkeit, Vorbild für Kinder und Jugendliche zu sein. Stattdessen wurde die Wahl an finanzielle Interessen geknüpft. Damit demaskierte sich das Wesen der Demokratie. Sie konnte nicht länger für sich beanspruchen, eine übergeordnete, formende Kraft zu sein. Wenn selbst die Präsidentenwahl zum Spielball finanzpolitischen Kalküls wird, dann kommt das einer Bankrotterklärung des gesamten Systems gleich. Es ist das Ende der Moral, das Ende der Politik. Eine ethische Grenze wurde überschritten.

Die Situation scheint derart komplex, dass offenbar keine Hoffnung mehr auf eine Veränderung zum Besseren besteht. Niemand kann diesen Entwicklungen Einhalt gebieten, niemand kann sie rückgängig machen. Die Vielschichtigkeit des Gebildes, wie Politik und Wirtschaft miteinander verschweißt sind, ist weder vollkommen zu durchschauen noch auflösbar. Das ist einer der Gründe, warum bisher keinerlei durchgreifende Konsequenzen aus der Finanzkrise gezogen wurden und auch nicht konnten. Und das ist auch der Grund, warum die langfristigen Effekte der entfesselten Finanzpraktiken weiterhin verschwiegen werden.

Ein Redeverbot hat sich breitgemacht, während über uns ein Damoklesschwert schwebt. Gelegentlich weisen ein paar Fachjournalisten darauf hin, doch im öffentlichen Bewusstsein spielt das keine Rolle. Ich spreche von den Derivaten, die heute noch weltweit im Umlauf sind, im Wert von sechshundert Billionen Dollar. Derivate sind Finanzprodukte, die auf Wetten beruhen, Wetten auf Kurse, Pleiten, Zinsen, Nahrungsmittelpreise.

Warren Buffet, US-Megainvestor und Multimilliardär, bezeichnet Derivate denn auch mit aller Drastik als »Massenvernichtungswaffen« und »Luftgeld«. Das Wort Derivat stammt vom lateinischen »derivare«, ableiten, im Sinne von »abgeleitet von eigentlichen Dingen«. Derivate haben keinen Bezug zur Realität, sie sind rein virtuell. Es sind genau jene Produkte, die zu der großen Krise geführt haben. Die Banken bieten Anlegern und Investoren Derivate an, die also nur in der Vorstellung vorhanden sind, die lediglich auf Annahmen und Spekulationen beruhen. Im Grunde sind es pervertierte Wetten.

Viele verdienen mit, Unzählige werden verlieren, wenn der Zahltag naht. Ein Volumen von sechshundert Billionen Dollar kann man sich kaum vorstellen. Eine gigantische Zeitbombe tickt. Denn irgendwann müssen die Derivate abgeschrieben werden, es sei denn, die Werte werden von den Chefs des Finanzcasinos weiter oben gehalten.

Ein weiterer Staatsbankrott aber könnte einen Dominoeffekt zur Folge haben und das gesamte System ins Wanken bringen. Deshalb wird solch ein Staatsbankrott mit allen Mitteln verhindert. Es gelingt nur, weil permanent Geld gedruckt wird, was zwangsläufig irgendwann zur völligen Entwertung dessen führt, was die Menschen sich aufgebaut haben.

Ideologien sind nicht vernünftig. Sie zielen auf Selbsterhaltung. Genau das geschieht jetzt, und es hat zur Folge, dass die Geldideologie die Grenzen der Politik definiert. Deshalb ist bis heute kein wirksames Finanzgesetz entstanden, das neue Krisen verhindern könnte. Es geht alles genauso weiter wie vor der Krise – »business as usual«. Durch den Verlust der Werte im weitesten Sinne geht das ursprüngliche Primat der Politik gegenüber der Dynamik von Wirtschaft und Finanzwelt verloren, ja es ist längst verlorengegangen. Die Ökonomie treibt die Politik vor sich her und mit ihr die Menschen, die im System gefangen sind.

Aber es gibt auch Zweifelnde, und ihre Zahl wächst. So mancher fragt sich zurzeit, wie wichtig ihm Karriere und Machtansprüche sind. Diesen Hang, das ökonomische Prinzip auch persönlich bis zum Exzess auszuleben, ist durchaus menschlich. Ich selber kenne die Höhenflüge des Erfolgs, habe den nahezu rauschhaften Zustand, den die Macht erzeugt, erfahren. Entscheidend wird sein, ob die Protagonisten des Erfolgs ihre Grenzen irgendwann erkennen, ob die Übersteigerung zur Umkehr, zur inneren Transformation führen kann. Viel zu selten werden die Grenzen weder wahrgenommen noch geachtet.

Nie konnte man das deutlicher sehen als an jenem Juni-Wochenende 2010, als Hals über Kopf, in nur zwei Nächten, in einem Brüsseler Konferenzraum alle Werte über Bord geworfen wurden, die je von den Vätern der Europäischen Union formuliert worden waren. Alle Grundsätze, die einst bei der Einführung des Euro galten, wurden zunichtegemacht.

Die europäische Idee basiert im Wesentlichen auf Vertrauen in ein funktionierendes Miteinander; wird dieses Vertrauen zerstört, kommt das System zum Erliegen. Nach dem gleichen Mechanismus wurde das Bankensystem vor anderthalb Jahren gelähmt: Man traute einander nicht mehr, daher liehen sich die Banken gegenseitig kein Geld mehr. Wer traut heute noch irgendeinem Institut in Europa, wenn die Europäische Zentralbank verkündet, sie kaufe alle sogenannten Ramsch-Papiere? Jeder Fachmann weiß, dass auch diese Papiere irgendwann abgeschrieben werden müssen. Die Rechnung werden wir alle bezahlen müssen.

In Brüssel wurde ein Rettungspaket geschnürt, das eine massive Verletzung aller geltenden Verträge bedeutet. Darüber hinaus wurde in Kauf genommen, dass das Vertrauen in die Stabilität, in die Seriosität und die Zuverlässigkeit der Europäischen Union gänzlich zerstört wurde. Werte, die als letzte stabile Pfeiler des Finanzwesens galten, verschwanden mit dem fahrlässigen

Handeln der Europäischen Zentralbank. Der Zusammenhang mit der Entwicklung der vergangenen fünfundzwanzig Jahre ist evident. Wir sind zu einer Ausgleichsgemeinschaft verdammt. Nicht mehr die Banken tragen den von ihnen verursachten Verlust der Werte, die Staaten sind es. Und das führt dazu, dass die Bürger neben den Banken auch ihrem Staat misstrauen.

Diese Vorgänge kommen einem Erdrutsch der politischen Verhältnisse gleich. Sie gefährden mehr als eine Wirtschaftsunion. Auch auf der politischen und psychologischen Ebene wird hier viel verspielt. Wer eine scharfe Analyse vornimmt und die nötigen Schlussfolgerungen zieht, kann ermessen, dass die Alternative »Weltuntergang oder Paradigmenwechsel« sich schon bald stellen wird. Es ist die Entscheidung zwischen Gier und Verantwortung, zwischen Zügellosigkeit und Mäßigung. Ein Blick in die USA gibt eine Vision davon, was uns in Europa erwarten könnte, falls die Politik sich endlich zu einer klaren Positionierung durchringt: eine ethische Evaluierung der Finanzakteure.

Neuerdings wird die Wirtschaftsethik zum Thema der Medien, und dabei fallen ungewöhnlich deutliche Worte. Ein Artikel im Feuilleton der »Süddeutschen Zeitung« sprach im Mai 2010 von der »totalen Mobilmachung« und vom »neuen Paradigma des letzten Menschen«. Der Kolumnist resümierte: »Endlich geht es wieder wirklich um etwas. Um etwas? Nein, um alles!«

Das Thema Nachhaltigkeit steht im Zentrum des Kommentars, und ich halte es für symptomatisch, dass er nicht im Wirtschaftsteil erschien, sondern im Feuilleton. Die Gebaren des Finanzmarktes sind nicht allein ein ökonomisches Problem, sie erschüttern unsere Kultur, unser Selbstbild. Ethik, Moral, Nachhaltigkeit, solche Werte haben die Nische philosophischer Reflexion verlassen und werden neuerdings aktiv mit dem Wirtschaftssystem vernetzt. Auf einer sehr breiten Ebene bricht sich das Bewusstsein Bahn, dass Ökonomie, Gesellschaft, Politik und Kultur nicht mehr Teil- oder Subsysteme sind, sondern ein untrennbares Ganzes bilden.

Wenn wir aber ein System in seiner Ganzheitlichkeit betrachten, so kommen wir schnell an die Grenzen kleinteiliger Korrekturen. Die logische Konsequenz besteht darin, weiter zu denken als bis zu gesetzlichen Regelungen und Schranken, die das Verhalten einzelner Banker im Zaum halten sollen. Solche Maßnahmen gelangen nicht zum Kern der Sache. Im Zentrum eines Wandels steht die Transformation des Egos.

Der drohende Kollaps unserer grundlegenden Systeme hat seine Wurzel in einem gestörten Bewusstsein der Handelnden. Sie haben keinen Zugang zu ihrem ethischen Grundgefühl, das überfremdet und überlagert ist vom rationalen Denken. Ich gehöre nicht zu jenen Vernunftkritikern, die jede Rationalität ablehnen. Mir geht es um eine neue Verortung von Rationalität. Der Begriff ist verarmt und erschöpft sich in simplen Kausalitätsüberlegungen, die immer nur den nächsten Schritt vor Augen haben.

Ein ungebremstes, nicht hinterfragtes Ego wird sich immer im kurzfristigen Erfolg sonnen. Ein reflektiertes, befriedetes Ego dagegen kann Ideen wie Verantwortung für das große Ganze zulassen. Es muss sich nicht permanent der Bestätigungen seiner Existenz versichern. Hier allerdings kommt ein strukturelles Problem ins Spiel. So, wie sich das Finanzsystem von der Realwirtschaft abgekoppelt hat, hat sich auch das – alte – Bewusstsein seiner Entscheider von der gesellschaftlichen Wirklichkeit entkoppelt.

Das erwachende Bewusstsein einer immer größeren Zahl von Menschen, die sich mit den Grenzen des Wachstums auseinandersetzen, steht dem ungebrochenen Selbstbewusstsein von Bankern und Brokern diametral gegenüber. Diese bilden eine Kaste, die sich systematisch isoliert hat. Die Welt betrachten sie durch das Raster von Aktienkursen und Bilanzen. Ihre Psyche funktioniert selbstreferenziell: Nur das, was ihnen persönlichen Gewinn bringt, diktiert ihr Verhalten. Die politische Dimension ihres Verhaltens – das möchte ich ihnen ohne Zögern attestieren – blenden sie aus.

Es spricht viel dafür, dass eine Demarkationslinie überschritten wurde, hinter der jede Kurskorrektur scheitern muss. Ist noch genügend Zeit, die Entwicklungen zurückzudrehen oder wenigstens zu verlangsamen? Persönlich glaube ich, dass es zu spät für eine rationale Lösung ist. Denn die Politiker, die solche Prozesse einleiten müssten, sind im Dilemma zwischen mächtigen Lobbyisten-Gruppen und Wählerinteressen. Den Bürgern ist durchaus bewusst, dass sie der Allianz aus Politik und Geld große finanzielle Opfer werden bringen müssen. Andererseits: Trotz aller Politikverdrossenheit fordern die Bürger Entscheidungen, die von der kritischen Masse getragen werden und konsensfähig sind. Die Politiker bedienen diesen Widerspruch bereitwillig. Ihr Blick auf das Plebiszit der Wähler bestimmt die Entscheidungen – und zögert sie hinaus.

Der Kolumnist Adrian Keyne schrieb im Sommer 2010 in der »Süddeutschen Zeitung«, dass er nur eine ehrliche Lösung sehe: Verzicht. Es könne keine unpopulärere Maxime geben, sowohl aus Sicht der Wähler als auch aus Sicht der Unternehmen. Denn, so Keyne: »Verzicht stellt den Motor der Gesellschaft infrage: Wachstum.«

Die Tatsache, dass auch die Eliten letztlich Gefangene eines Systems sind, von dem sie in den vergangenen fünfundzwanzig Jahren gut gelebt haben, wird niemanden vor den Konsequenzen schützen, auch die Politiker nicht. Die Parolen des Wachstums, des Investments, des Neoliberalismus, sie haben ihr Verfallsdatum erreicht. Dieses Denken ist obsolet. An seine Stelle tritt ein neues Paradigma – der Markt wird nicht mehr alles regeln, und er darf auch nicht mehr alles regeln.

Das Banner der Freiheit über dem Wirtschaftsliberalismus ist verschlissen. »Die Welt leidet unter den Denkfehlern von ideologischen Deregulierern, die nicht verstanden haben, dass Märkte aus Wettbewerb in Verbindung mit Rahmenbedingungen entstehen, nicht aus Wettbewerb zu Lasten erforderlicher Rahmenbedingungen«, umreißt Franz Josef Rademacher von der Universität Ulm die Situation. Der Professor für Informatik tritt für eine weltweite ökosoziale Marktwirtschaft ein und engagiert sich in der »Global Marshall Plan Initiative« für eine ausbalancierte, gerechtere Globalisierung.

Solche Gedanken sind inzwischen in der Mitte der Gesellschaft angekommen. In England beispielsweise wird eine große Debatte darüber in der neuen Regierung geführt. Professor Lord Robert Skidelsky, der profilierteste Ökonom Großbritanniens, spricht es aus: Der Markt kann nicht mehr alles richten, selbst in England nicht, dem Geburtsland der Demokratie und des freien Kapitalismus.

Ein neues Bewusstsein formiert sich. Es ruht auf drei Säulen: Alle sind verantwortlich für das, was hier geschieht. Alles ist mit allem verbunden. Im Mittelpunkt steht der Mensch, nicht mehr die Bilanz und nicht mehr der Aktienkurs.

Der Theologe und Arzt Albert Schweitzer sagte: »Ethik ist ins Grenzenlose erweiterte Verantwortung für alles, was lebt.« Das erwachende Bewusstsein der Bevölkerung hat diesen moralischen Imperativ bereits verinnerlicht. Plötzlich gerät etwas in Bewegung, und die Öffentlichkeit schaut sehr genau hin, wie die Mächtigen den Herausforderungen begegnen. Heißt es endlich »making sense« statt »making money«?

Nie war ein unbestechlicher Journalismus so wichtig wie in dieser Zeit: als Kontrollinstanz und Sprachrohr, als Reflexionsmedium und Meinungsmacht. Unser System wird sich auch daran messen lassen müssen, ob die Medien frei genug sind, sich der Wahrheit zu verpflichten. Jenseits von Quote und Auflage, jenseits der Interessen von Anzeigenkunden und Werbepartnern müssen sie beweisen, ob unsere Meinungsfreiheit diesen Namen noch verdient. Wenn Journalisten nicht mehr unabhängig berichten, wenn ihnen die Möglichkeit fehlt, den Dingen auf den Grund zu gehen, dann ist es nur ein kurzer Schritt zum Totalitarismus. Journalisten haben die Aufgabe, wachsam zu sein. Sie können formulieren, was viele denken: dass die meisten Politiker den geistigen Wandel nicht erkennen. Dass sie im Tagesgeschäft zwischen Machterhalt und hilflosem Aktionismus nicht begreifen, dass ein Umdenken dringend ansteht, ein Paradigmenwechsel.

Zwei Lager sind entstanden. Während die einen unbeirrt am Alten festhalten und jede Veränderung scheuen, weil sie immer noch an die Kraft des überkommenen Denkens glauben, entsteht die große Gegenbewegung jener, die an ein neues Bewusstsein glauben und dabei sind, es zu entwickeln. Sie haben die ökologische Verantwortung und das Allgemeinwohl im Fokus und repräsentieren eine neue Werteskala.

Herkömmlichen politischen Kategorien lassen sich diese Lager nicht zuweisen, auch das ist neu. Links und rechts gehören zum Vokabular einer politischen Epoche, in der die Parteien sich noch verschiedenen Überzeugungen zuordnen ließen und damit auch verschiedenen Definitionen einer politischen Ökonomie. Heute verlaufen die Grenzlinien quer durch politische Parteien und Interessengruppen.

Erkennbar sind die Lager an ihren Zielen: Die einen wollen Leistung, gemessen an Erfolgsskalen, permanent steigern und immer mehr Umsatz, immer mehr Gewinn bei immer niedrigeren Kosten erzielen. Die anderen hingegen wollen die Ressourcen der Natur schützen und die Menschenwürde wahren. Das ist keine Schwarzweißmalerei, denn selbst dort, wo ein wirtschaftlicher Konservatismus herrscht, im neoliberalen Umfeld der Erfolgsmitläufer, werden Zweifel laut.

Die einzige Chance unserer Gesellschaft wird sein, dass die beiden beschriebenen Lager sich nicht aus Frontstellungen bekämpfen, sondern ihre Energien bündeln, bis hin zum Wandel des kollektiven Bewusstseins. Der »worst case« wäre ein ideologischer Bürgerkrieg, der zu mentalen Verwerfungen führen würde. Dann fehlte die Kraft, Impulse wahrzunehmen und umzusetzen. Dann wäre der Krieg, den die Ökonomie führt, zum Krieg aller gegen alle geworden.

Nun fragt es sich, woher Impulse zu einer inneren Erneuerung kommen sollen. Zunächst einmal bleibt festzuhalten, dass diese Erneuerung radikal sein muss, radikal in dem Sinne, dass erst gar nicht versucht wird, rational an die Lösung der Probleme heranzugehen. Die Debatten um Elterngeld, Hartz IV oder Finanztransaktionssteuern werden nichts an den Strukturen verändern können. Sie verwalten den Status quo, mehr nicht. Verzichten, umverteilen, langsamer gehen – das mag hilfreich klingen, doch ohne einen Bewusstseinswandel der Eliten wird das zu kurz greifen.

Da die Probleme immer drängender werden und die großen Fragen unbeantwortet bleiben, kann es nur darum gehen, anders zu empfinden, anders zu handeln und anders zu sein. Sonst wird die Gefahr einer Selbstauslöschung der Menschheit näher rücken. Wer irgend Verantwortung trägt, sollte bei jeder Entscheidung, die er zu treffen hat, bei jedem Wort, das er schreibt und das gelesen werden soll, bei jeder Tat, die er plant, um etwas zu bewirken, eine Sekunde innehalten und sich Rechenschaft ablegen: Warum tue ich das, und warum tue ich es so? Tue ich es, weil ich Erfolg haben will, weil es mir nützt, weil es einen hohen Gewinn abwirft? Gibt es eine Alternative, die auch zum Gemeinwohl beiträgt?

Um diese Bewusstseinsstufe zu erlangen, muss der Handelnde an sich arbeiten, an seinem Ego, an seinen Werten. Er muss in der Lage sein, im Jetzt zu sein, im Jetzt zu fühlen und zu spüren. Es ist erstaunlich, welche inneren Prozesse ausgelöst werden, wenn man vor einer Entscheidung eine Sekunde lang einatmet und den Kopf frei macht. Die Gedanken bewegen sich in andere Richtungen und durchlaufen ein Weteraster, das zugleich eine Selbstreflexion erlaubt. Das ist das neue

Paradigma: der Dienst am Ganzen, zum Wohle anderer. Es überwindet das alte Paradigma von Geld, Gier und Erfolg. Und es ist die Konsequenz aus der Erkenntnis, dass das Ego nicht mehr zum Regenten hypostasiert werden darf.

Wenn das gelingt, dann steht der Mensch im Mittelpunkt und die Utopie einer Welt, in der sich auch noch für unsere Kinder und Kindeskinder zu leben lohnt. Das wäre Fortschritt im besten Sinne. Ein Bewusstseinswandel ist immer komplex, nicht einfach der Entschluss, einer diffusen Vorstellung eines »besseren Menschen« nachzueifern. Manch einer erlebt ihn auch als Eingebung. Einige spirituelle Lehrer sagten mir, sie begegneten immer mehr Menschen, die gleichsam erleuchtet werden. Aber man kann auch mit sehr einfachen Mitteln an sich arbeiten – einmal in der Woche zum Yoga gehen oder regelmäßig meditieren.

Was dabei geschieht, ist eine Umwertung all dessen, was wir erleben. Spiritualität erlaubt uns, andere Perspektiven einzunehmen. Selbst materieller Verzicht wird zum Gewinn.

Jeder, der in der Meditation den Zustand erreicht, in dem die Gedanken zur Ruhe kommen, wird mit einem neuen Bewusstsein beschenkt. Er fühlt anders. Er fühlt sich in seinem Wesenskern. Wer auf diese Weise Zugang zum wahren Selbst erhält, erkennt irgendwann auch seine wahre Aufgabe in diesem Leben, seine Berufung. Das Ego schweigt, transformiert durch ein höheres Bewusstsein. Der Geist widersteht den Ideologien, die wir irgendwann zu unseren eigenen gemacht haben. Und die Seele fühlt sich frei, neue Wege zu beschreiten.

Kaum vorzustellen, was passieren würde, wenn sich an der Wall Street, in den Regierungszentren, in den Chefetagen der Konzerne solch ein Bewusstsein durchsetzen würde. Doch es ist mehr als ein Traum. Es ist die begründete Vision einer Gesellschaft, die ihre größte Krise als Option zur Transformation annimmt.

4. KAPITEL

Vom Entertainment zur inneren Freiheit

Das neue Bewusstsein entzieht sich der
Bewusstseinsindustrie

Die Nachricht im Juni 2010 bestimmte tagelang die Schlagzeilen: Günther Jauch, seit Jahren Quotenkönig und Sympathieträger beim Privatsender RTL, kündigt seinen Wechsel zur öffentlich-rechtlichen ARD an. Die Verantwortlichen feiern den Vertrag als großen Sieg. Wie eine Trophäe präsentieren sie den begehrten Moderator und versprechen ihm die Königsdisziplin des deutschen Fernsehens: die Polit-Talkshow am Sonntagabend, das Hochamt des politischen Diskurses im öffentlich-rechtlichen System. Und die Medien melden unisono die vertragliche Höchstdotierung: 4487,18 Euro Gebührengeld pro Sendeminute.

Dass die Nachricht einen Skandal enthielt, degradierten die Intendanten zur Randnotiz. Denn Jauch hatte seinen Marktwert genutzt, um Sonderkonditionen auszuhandeln. Nach wie vor darf er parallel im angestammten Privatsender Shows und Quizformate moderieren. Außerdem wird er nach wie vor als Werbefigur im Gedächtnis bleiben, auch wenn er nun auf weitere Werbeauftritte verzichtet.

Die Personalunion aus Deutungsmacht und Kommerz schien kaum jemanden zu stören. Lediglich ein paar Kritiker fragten: Wie kann das zusammengehen, Entertainment und Journalismus? Wie kann man einem Moderator Interpretationshoheit einräumen, der sich hemmungslos dem Boulevard verschrieben hat? Wo bleiben Glaubwürdigkeit und Authentizität?

Doch die Kritik ebbte bald wieder ab. Eine Indifferenz gewann Oberhand, die symptomatisch ist für den Zustand unserer medialen Öffentlichkeit. Noch vor einigen Jahren wäre es undenkbar gewesen, dass einer, der sich auf Boulevardniveau begibt, zum Anchorman der politischen Willensbildung nobilitiert wird. Symptomatisch ist der Aufstieg Jauchs insofern, als er die uneingeschränkte Priorität der Quote symbolisiert. Die ARD-Granden wollen populistisch sein, um am Markt zu bestehen, auch um den Preis eines Glaubwürdigkeitsverfalls.

Diese Entscheidung hatte mich entsetzt, denn nie ist die Relevanz einer journalistischen Ethik höher als in Krisenzeiten. Medienfiguren wie Jauch sind Leitbilder. Sie fungieren als Orientierungsmarken für Millionen von Zuschauern, die sich angesichts der Komplexität unserer Probleme nicht mehr zurechtfinden. Es hätte insofern eine positive Signalwirkung gehabt, wenn Jauch, der Multimillionär, sich zu einem klaren Schnitt entschlossen hätte. Aber es muss ihm schwerfallen, auf Honorare für Boulevardformate zu verzichten. Ich hätte ihm gewünscht, dass er sich an die Spitze einer Bewegung stellt, die sich für Ethik in den Medien einsetzt. Unter dem Aspekt einer Medienethik hätte sich Jauch selbstverständlich verpflichten müssen, künftig nur noch als politischer Anchorman aufzutreten. Doch alles, was zählt, ist offenbar der grenzenlose und bedingungslose Erfolg.

Jauch ist nicht der Einzige, der ungerührt seine kommerziellen Interessen verfolgt. Diese Haltung teilt er mit jenem anderen Entertainer, der seit Jahren zu den beliebtesten Moderatoren zählt: Thomas Gottschalk. So brillant Gottschalk in seinem Genre auftritt, so unverständlich ist sein Verhalten jenseits der Showbühne: Seit Jahren spielt er den netten Freund der Kinder – werbemäßig bestens dotiert von einem Süßwarenhersteller.

Ein Skandal, über den nie gesprochen wird. Dabei ist bekannt, dass die Produkte nicht unbedingt die besten Freunde der Kinder sind. Vehement prangern Ernährungswissenschaftler und Mediziner die Methoden der Süßwarenlobby an und weisen darauf hin, dass Fehlernährung und Zuckerkonsum zu alarmierenden Erscheinungen führen: Übergewicht, Jugenddiabetes, Konzentrationsschwäche. Hat wirklich noch niemand Thomas Gottschalk den Hinweis gegeben, dass er sich wunderbar als Vorreiter für gesunde Kinderernährung eignen würde?

Gerade Kinder brauchen Vorbilder, und sie suchen danach vorzugsweise in den Arenen des Sports und des Entertainments. Was sie vorfinden, sind korrumpierte Stars, überall. So werben die Fußballspieler der deutschen Nationalmannschaft seit Jahren für ein Produkt, das zum überwiegenden Teil aus Zucker und künstlichen Aromastoffen besteht – klassische Dickmacher. Ausgerechnet Spitzensportler stellen sich bedenkenlos für eine Kampagne zur Verfügung, mit der sie – wie auch Thomas Gottschalk – jedes Bewusstsein für gesunde Ernährung untergraben. Kein Zufall: Handelt es sich bei dem beworbenen Unternehmen doch um einen der Sponsoren des Deutschen Fußball-Bundes, der wiederum – alles andere als glaubwürdig – sich gerne mit dem Image schmückt, für mehr Bewegung und Gesundheit unter Kindern beitragen zu wollen.

Die Liste verantwortungsloser, korrumpierter Vorbilder ließe sich beliebig verlängern. Heidi Klum, das Idol vieler junger Mädchen, warb für Süßigkeiten und eine Fastfood-Kette. Dieter Bohlen pries Grillwürstchen mit einem absurd hohen Fettgehalt an. Keiner der beiden würde sich das ungesunde Zeug wirklich antun. Den Konsumenten aber verkaufen sie diese Nahrungsmittel als integralen Bestandteil ihres Lebensgefühls. Die Konnotationen, die sie damit herstellen, sind fatal: Schlank, erfolgreich, sportlich zu sein, heißt, unbedenklich Zucker und Fett zu konsumieren.

Wie sehr der Sport abgewirtschaftet hat, beobachtete die Weltöffentlichkeit nach dem Ausscheiden der französischen

Nationalmannschaft aus dem WM-Turnier 2010. Am Tag nach ihrer Niederlage verweigerten die Spieler das Training. Der Manager trat daraufhin zurück. Wütend schimpfte er auf die jämmerliche Haltung der Sportler: Es gehe ihnen nur um Ego, Geld und Gier; sie hätten das Gefühl dafür verloren, für eine höhere Idee einzutreten – symptomatisch für den maroden Zustand seines Landes, so ereiferte er sich.

Diese Beispiele seien aufgezählt, weil sie ein Licht auf eine Bewusstseinsindustrie werfen, deren Einfluss stetig größer wird. Den Begriff der Bewusstseinsindustrie brachte einst Hans Magnus Enzensberger auf und entwickelte damit den kulturkritischen Ansatz der Frankfurter Schule weiter. Wesentlich war für ihn dabei die zweite technische Revolution durch das Fernsehen: »Mit der Entwicklung der elektronischen Medien ist die Bewusstseins-Industrie zum Schrittmacher der sozio-ökonomischen Entwicklung spätindustrieller Gesellschaften geworden«, stellte Enzensberger in einer »Kursbuch«-Ausgabe des Jahres 1970 fest. Er erklärte die Auswirkungen auf das kollektive Bewusstsein damit, dass die modernen Medien eine Steuerungs- und Kontrollfunktion ausübten.

Enzensbergers Kritik entzündet sich an dem Phänomen einer Massenkommunikation als Einbahnstraße, in der das Publikum zur Passivität verurteilt bleibe, statt selbst zum Sender zu werden. Langfristig sei daher ein repressives Programm der Medienproduzenten vorhersehbar und damit einhergehend eine entpolitisierte Masse. Solche Thesen klangen 1970 möglicherweise noch unzulässig dramatisierend. Heute erweisen sie sich als prophetisch.

Die Tendenz zur Repression und zur Entpolitisierung ist dabei wesentlich dem Diktat der Ökonomie geschuldet. Printmedien, TV-Formate, Internet, das gesamte Konvolut des medialen Lebensraums ist zur Dauerwerbeveranstaltung verkommen. Inhalte werden dementsprechend »werberelevantes Umfeld« genannt, das man nach den Maßgaben der

Marktforschung formt. Zielgruppengenau werden Soaps, Serien und Realityshows auf die Konsumenten hin zugeschnitten, mal seicht, mal spektakulär, mal gewalttätig.

Gebührenfinanzierte und kommerzielle Sender unterscheiden sich dabei wenig. Vor allem im Vorabendprogramm, das intensiv von Kindern und Jugendlichen gesehen wird, hat sich ein verwirrendes Konglomerat aus Inhalten und Werbung gebildet. So wirkt es nur konsequent, dass die Fernsehfiguren in beiden Zonen aktiv sind: im Programm und in den Werbespots. Derselbe Thomas Gottschalk, der um viertel nach acht »Wetten dass..?« moderiert, darf kurz vorher für Gummibärchen und Lakritz die Werbetrommel rühren.

Das Ineinandergreifen von Programm und Kommerz betrifft nicht nur das Entertainment im engeren Sinne. Betrachtet man genuin journalistische Formate wie Nachrichtensendungen, so fällt auf, dass Sender wie RTL und SAT.1 den Begriff der Nachricht permanent entwerten. Politik und Wirtschaft werden nur flüchtig behandelt, weit mehr Zeit widmet man den sogenannten »weichen Themen« und News, die früher in den Tageszeitungen unter die Rubrik »Vermischtes« fielen: Wetter, Unfälle, Servicetipps, leicht konsumierbare Ware. In der Fußballersprache ausgedrückt: Der Ball wird bewusst flach gehalten, damit die Schere zwischen der Simplizität der Spots und einem zu hohen Niveau der Nachrichten nicht allzu sehr auseinandergeht.

Anders als bei den öffentlich-rechtlichen Sendern ist hier bereits spürbar, dass sich durch ökonomisches Kalkül die Nachricht neu definiert. Den Zuschauern werden weder komplexe Zusammenhänge noch Hintergrundinformationen zugemutet. Was bleibt, sind »Wohlfühl«-News, die sich dem Niveau der umgebenden Werbung anpassen. Und dass eine kritische Berichterstattung über Wirtschaft schwerfällt, wenn es um Firmen geht, die teure Werbezeiten gebucht haben, versteht sich von selbst. Keiner beißt in die Hand, von der er gefüttert wird. So aber wird die Rolle verspielt, die die Medien einst hatten: Wirklichkeit widerzuspiegeln und Kontrollinstanz zu sein.

Wir sind heute Zeuge eines großen Ausverkaufs. Was passiert, wenn Journalisten ihre Arbeit nicht mehr auf der Basis ihres freien Geistes und ihres Gewissens verrichten? Was verändert sich, wenn nur noch Quoten, Auflagen und Klicks zählen? Welchen Informationswert haben Medien, die nicht an Aufklärung interessiert sind, sondern den Markterfolg ihrer börsennotierten Konzerne sichern müssen?

Man muss kein Pessimist sein, um festzustellen, dass unsere große Tradition der medialen Vielfalt und Aufklärung verlorengeht. Denn noch eine weitere Errungenschaft fällt: die Meinungsfreiheit. Sie ist zwar im Grundgesetz verankert, in der Realität aber ist das Recht auf eine gesellschaftlich präsente Meinung denen vorbehalten, die Zugang zu den Medien haben. Dafür müssen sie konsumkompatibel sein. Und: Sie müssen den Regeln einer »Ökonomie der Aufmerksamkeit« folgen.

Mit diesem Begriff umreißt Georg Franck in seinem gleichnamigen Buch die Tatsache, dass Aufmerksamkeit, die Basis zwischenmenschlicher Beziehungen, in unserer Mediengesellschaft den Charakter eines persönlichen Kapitals angenommen hat. Im Wettbewerb um die Aufmerksamkeit gehe es um den gesellschaftlichen Marktwert, und der, so Franck, lasse sich wie eine Währung messen. Die prominenten Testimonials, die sich einen Platz in der Informationsflut erobert haben, nennt er »taste leaders« und beschreibt sie als »Volkserzieher in der Kultur der Auffälligkeit«. Ihr Ruhm aber rühre von einer »leistungsfrei bezogenen Beachtung«, ihre Anziehungskraft beruhe auf einer künstlich hergestellten Attraktivität, die »an unsere Empfindsamkeit und an Wunschvorstellungen« appelliere.

Selten wurde eine derart hellsichtige Analyse unserer Medienwelt vorgelegt. Franck exponiert die wichtigsten Elemente eines »Strukturwandels der Öffentlichkeit«, wie ihn der Philosoph Jürgen Habermas früh diagnostizierte. Die Wahrnehmung verlagert sich auf mediale Repräsentanten, weil sie es verstehen, unsere Aufmerksamkeit an sich zu binden, heißen sie nun Jauch, Gottschalk oder Klum. Ihnen traut man zu, tragfähige Lebensmodelle zu entwerfen – und ignoriert ihre wahren Motive: Aufmerksamkeit durch Auffälligkeit, Aufmerksamkeit als Garant für finanziellen Erfolg.

Das totale Entertainment erschafft eine Ersatzwelt. In ihr gilt das Prinzip der Ökonomie als Existenzprinzip. Das Publikum aber muss sich mit der Rolle begnügen, Konsument zu sein. Das ist die Wahrheit hinter den Kulissen. Vor den Monitoren und Flachbildschirmen bleiben Menschen zurück, die ihre Urteilskraft verlieren. Sie lassen sich im eigentlichen Sinne des Wortes ablenken, von ihren individuellen Bedürfnissen und ihren ureigensten Empfindungen. An die Stelle der Vision eines anderen, besseren Lebens tritt der Konsumwunsch. Ist er befriedigt, wird der nächste geweckt.

Immerhin attestiert Franck dem Menschen, ein fühlendes Wesen zu sein, das im Grunde danach strebe, moralisch zu handeln und in Harmonie mit seinem Umfeld zu leben. Dies veranschaulicht er in der Metapher des Herzens: »Es ist etwas, das wir für andere haben. Es ist eine Art Sinn, der urteilt, aber nicht rechnet.« Denkt man seine Thesen weiter, so entsteht ein polares Modell: auf der einen Seite der mit Empathie und moralischen Werten ausgestattete Mensch, auf der anderen der Konsument, der sich fremde Gefühle und Befindlichkeiten aufdrängen lässt und sie als gesellschaftlich relevant akzeptiert.

Dieser Widerspruch bestimmt heute das Dilemma der Medienöffentlichkeit: Sie entwertet den Einzelnen und beraubt ihn seiner Individualität. Die Helden dieser Öffentlichkeit leben diese Entpersonalisierung vor, durch umfassende Anpassungsleistungen. Oder, genauer: durch Affirmation des Systems, in dem sie ihr Geld verdienen. Sie sind Mitläufer, und ihr Erfolgsrezept ist Opportunismus. Damit präsentieren sie Rollenbilder einer Entfremdung des Bewusstseins, die zur Nachahmung herausfordern.

Zwanzigtausend Mädchen bewarben sich für »Germany's next Topmodel« im Jahr 2010. Noch mehr waren es, die zu den Castings von »Deutschland sucht den Superstar« drängten. Wollten Mädchen früher noch Tierärztin werden und Jungen Piloten, so fällt der Berufstraum der Jugendlichen heute schlichter aus: Sie wollen Stars werden. Dafür lassen sie sich notfalls auch demütigen. Mit der Selbstverwirklichung, die einst hinter dem Berufswunsch stand, hat das nichts mehr zu tun.

Solche Entwicklungen sind zu dramatisch, um sich bei einer vordergründigen Medienkritik aufzuhalten. Einmal mehr gilt: Es reicht nicht aus, das System zu verbessern, das System selbst muss von Grund auf infrage gestellt werden. Was wir am nötigsten brauchen, sind Fanale der inneren Reinigung, authentische Vorbilder, integre Vordenker. Wer sich an ihnen orientiert, kann sich seiner selbst bewusst werden und jeden Tag nutzen, seinen Geist zu klären und sein Bewusstsein zu befreien. Fehlen die Vorbilder jedoch, oder bleiben nur noch leichtfertige, ökonomisch getriebene Zentralfiguren zurück, so kommt dies einer moralischen Destabilisierung gleich.

Der US-Medientheoretiker Neil Postman befand schon in den achtziger Jahren: Das Problem des Fernsehens ist nicht die Tatsache, dass es Entertainment enthält, sondern dass es alles zum Entertainment degradiert. Dieser Gedanke war bahnbrechend. Denn Postman entzauberte damit den aufklärerischen Impetus, mit dem sich das Fernsehen legitimierte. Er wies darauf hin, dass die mediale Aufbereitung von Inhalten niemals im Interesse der Zuschauer, sondern stets im ökonomischen Interesse der Sender und derer, die darin auftreten, stattfindet. Postman verdichtete die Auswirkungen in seiner berühmt gewordenen These »Wir amüsieren uns zu Tode«, so auch der Titel seines Buches. Denn Menschen, die allein auf Unterhaltung konditioniert werden, so der Medienwissenschaftler, verlieren jedes Gespür für die Realität und ihre Probleme.

Seine These ist mehr als sinnfällig. Sichtbar ist das etwa in der Präsentation des Politischen. Wahlkampfveranstaltungen in den USA sind heute fernsehgerechte Shows, mit Musik, Luftballons und bestelltem Applaus. Wenige Schlüsselbegriffe der Kandidaten müssen genügen, alles andere ist Inszenierung. Der letzte Wahlkampf in den USA war daher auch ein Kampf um die beste Performance. Zeitungen, Magazine und Blogs diskutierten die Kleider Michelle Obamas und die Frisuren der Sarah Palin. Die politischen Kampagnen wurden zu Stiloffensiven, Ikonografien lösten Inhalte ab. Ein zärtlicher Kuss auf offener Bühne zählte mehr als Vorschläge für eine Neuordnung der Wirtschaft oder eine andere Außenpolitik.

Was Obama wirklich wollte, wurde denn auch überhört. So war es kein Wunder, dass ein Aufschrei durch die USA ging, als er die gesetzliche Krankenversicherung durchsetzte. Damit hatte niemand gerechnet, der den sympathischen Mann mit dem großen Showtalent gewählt hatte. Viele meinten, sich für einen smarten Gute-Laune-Politiker entschieden zu haben, für einen Medienstar, der Hoffnung verkündete. Dass es ihm ernst gewesen war mit der Parole des »Change«, brachte ihm wütende Proteste ein. Man schimpfte ihn einen Nazi und fühlte sich getäuscht. Doch nicht Obama hatte die Massen getäuscht, es waren die bunten Inszenierungen, in die er eingebettet war.

Umgekehrt kann auch das Entertainment politisch werden. Unvergessen ist die Kampagne Oprah Winfreys für Barack Obama. Es war eine diffuse Begeisterung, die sie in ihrer legendären Talkshow verbreitete, jenseits reflektierter Argumente. Sie wusste um ihre mediale Macht, um die Macht des Entertainments. Ihre Villa in Los Angeles wird von manchen

Spöttern als »Black House« bezeichnet, in Anspielung auf das »White House« in Washington. Sie verstärkte den Eindruck, dass Obama bestens in die Welt von Hollywood passte, in die Welt des Entertainments und der glänzenden Oberflächen.

Der Fall Oprah Winfrey mag harmlos erscheinen, schließlich galt ihre Unterstützung zweifellos einem engagierten Politiker. Aufschlussreich daran ist jedoch, dass politische Meinungsbildung, das Herzstück jeder Demokratie, in den falschen Hände ist, wenn sie zum Gegenstand der Unterhaltung wird. Genauso gut hätte Oprah Winfrey einen extremistischen Politiker unterstützen können, und Millionen wären ihr gefolgt. Der Grund ist einfach: Die Moderatorin wirkt überzeugend, und so teilt man auch ihre Überzeugungen. Ihre Motivation jedoch ist die Quote, und mit jedem Zuschauer mehr wächst ihr Reichtum. Oprah Winfrey ist eine Unternehmerin. Als solche schließt sie sich mit sicherem Gespür einer massenkompatiblen Meinung an, die höhere Marktanteile beschert.

Die Tendenzen des Buchmarkts spiegeln diese Entwertung des öffentlichen Diskurses wider. Im Laufe meiner Verlegerarbeit habe ich erlebt, wie sich die Funktion der Medien als Forum für Bücher veränderte. Waren es in den siebziger und achtziger Jahren noch die differenzierten und kritischen Rezensionen in den Feuilletons, die über den Erfolg von Büchern entschieden, so veränderten sich ab den neunziger Jahren Stil und Schwerpunkt der Buchbesprechung, weil sie sich ins Fernsehen verlagerte. Gleichzeitig büßte das Feuilleton als meinungsbildender Faktor seine Deutungshoheit enorm ein.

Im immer populärer werdenden Fernsehen waren differenzierte Beurteilungen kaum noch vermittelbar. Natürlich verfolgte auch ich die höchst unterhaltsamen Buchsendungen, in denen erbittert um Werke und Autoren gestritten wurde. Das »Literarische Quartett«, angeführt von Literaturpapst Marcel Reich-Ranicki, schrieb TV-Geschichte. Doch schon diese Sendung machte deutlich, dass der Streit, manchmal bis hin zum Krawall, wichtiger wurde als das Buch. Gezielte Beleidigungen und Wutausbrüche waren nicht die Würze des Formats, sie wurden sein Inhalt. Das Fernsehevent war die Botschaft, nicht die Bücher, die dort verhandelt wurden.

Als Elke Heidenreich danach mit ihrer Sendung »lesen!« installiert wurde, läutete sie eine neue Phase ein: Nur, was sie persönlich begeisterte, schaffte es noch ins Rampenlicht. Argumente wurden nicht mehr verhandelt, Adjektive – »Eigenschaftsworte«, oft eindimensional bewertend – wie »wunderbar« oder »toll« ersetzten das Genre der Rezension, die Dimension der Kritik. Es wurde erst gar nicht der Versuch unternommen, die Buchlandschaft abzubilden. Wichtiger schien es, glaubwürdige Emotionen zu vermitteln. Das war der Reiz, das machte den Erfolg von »lesen!« aus.

Parallel dazu gewannen Talkshows an Bedeutung für das Buchgeschäft. Ein Autor, der es in solche Smalltalk-Runden schaffte, konnte schon am nächsten Morgen mit gesteigerten Buchverkäufen rechnen. Dass er überhaupt eingeladen wurde, verdankte er weniger seinen Inhalten. Die sogenannte Performance wurde zur Schlüsselkompetenz, die Fähigkeit, mediengerecht aufzutreten. Für solche Auftritte, hier berührt sich das Phänomen mit den Thesen Georg Francks, bedarf es der Auffälligkeit, des Hangs zur perfekten Selbstdarstellung, die sich in der Währung Aufmerksamkeit bezahlt macht.

Dementsprechend änderten viele Verlage ihr Konzept. Es wurde nicht nur gefragt, ob ein Buch interessant, aufwühlend oder engagiert war, es wurde vor allem geprüft, ob sich sein Autor für die Medienpräsenz eignete. Die Persönlichkeit vieler Schriftsteller lässt das allerdings gar nicht zu. Aus eigener Erfahrung weiß ich, dass gerade die besten und intelligentesten Autoren oft introvertierte Menschen sind. Monate und Jahre verbringen sie allein am Schreibtisch und scheuen das grelle Licht der Fernsehstudios. Was sie im Innersten charakterisiert, geriet nun zum Handicap.

Die Branche reagierte mit der ihr eigenen Raffinesse. Sie vollzog den Umkehrschluss: Wenn das Talent zur Selbstdarstellung im Fernsehen so unerlässlich ist, dann liegt es nahe, gleich jene zu Autoren zu machen, die sich bereits als »taste leaders« qualifiziert haben. Der Kreis schloss sich: Bekannte Medienfiguren wurden als Schriftsteller gehypt, und man konnte davon ausgehen, dass sie ihre Aufgabe bestens erfüllten. Sie kannten schließlich die Gesetze des Mediums: Extrovertiertheit bis zur Hemmungslosigkeit, sicheres Setzen von Pointen, emotionaler Exhibitionismus. Lachen, Weinen, Erschütterung, all das liebt das Publikum. Von Inhalten sprach man immer weniger, es sei denn, sie eigneten sich für erhoffte Skandale.

Aus einigem Abstand heraus betrachtet, ist hier eine weitere Symptomatik erkennbar: Information und Reflexion werden immer mehr durch Emotion ersetzt. Je höher der Emotionslevel, desto zuverlässiger wird der Zuschauer am Zappen gehindert. Die Polemik des Marcel Reich-Ranicki wie auch die notorische Begeisterung einer Elke Heidenreich fesselten das Publikum. Es musste nicht nachdenken, es konnte sich ganz im Sinne Georg Francks an der Auffälligkeit delektieren und nahm hin, dass die Moderatoren sich einer »leistungsfreien Beachtung« erfreuen konnten. Denn Emotionalität ist keine Leistung, sie ist im Medienumfeld der Transmissionsriemen der Popularität.

Wer diesen Transmissionsriemen straff zu halten versteht, gehört zu den Gewinnern des Systems. In sogenannten Realityshows ist es längst Usus, die Protagonisten vor der Kamera in Grenzsituationen zu bringen, in der Hoffnung, dass sie weinen, schreien und völlig außer sich geraten. Mit kluger Perfidie nutzen die Macher das Empathievermögen der Zuschauer und ihr Bedürfnis, sich mit fremden Gefühlen aufzuladen. Auch die bereits erwähnte Oprah Winfrey wurde durch ihre gefühlsbetonte Moderation zum Star. Oft weinte sie mit ihren

Gästen, dann wieder steigerte sie sich in übertriebene Euphorie. Die emotionale Intensität wurde ihr Markenzeichen.

Die Emotionalisierung des Programms gehört heute zu den Erfolgsrezepten aller großen Sender. Meinung statt Information, Gefühl statt Analyse – wird darauf verzichtet, so fallen die Einschaltquoten. Das betrifft mittlerweile auch die klassischen News-Sender. 2009 war das Jahr, in dem der US-Sender Fox News erstmals doppelt so viele Zuschauer hatte wie CNN. In demagogischen Talkshows verunglimpfte der ultrakonservative Sender Barack Obama, und auch in anderen Fox-Formaten gewann die Polemik Oberhand gegenüber der Information. Dass dieser Erfolg nichts mit politischen Richtungen zu tun hat, wird dadurch belegt, dass gleichzeitig MSNBC, das linke Pendant zu Fox News, Marktanteile gewann. Ebenfalls mit Polemik.

Auf der Strecke blieb der Qualitätsjournalismus des renommierten CNN. Recherche, Einordnung, Reflexion, solche handwerklichen Kompetenzen sind nicht mehr gefragt. Verweigert sich ein Journalist dieser Logik, kann es leicht passieren, dass er seinen Job verliert. Die Perspektiven sind düster. Der in den USA veröffentlichte Bericht »State of the New Media« listet für 2009 auf, dass in diesem Jahr 5900 Redakteursstellen in Amerika verschwunden sind, ein Drittel aller Jobs in diesem Bereich. Das ist zum einen auf die Krise der Printmedien zurückzuführen, zum anderen aber ist es ein Indiz dafür, dass immer weniger kompetente Fachleute als feste Mitarbeiter gebraucht werden.

Da Meinung statt Wissen die neue Vorgabe ist, braucht man keine Recherche mehr, keine Fakten, keinen investigativen Journalismus.

Komplementär dazu gewinnen die Internet-Blogs an Bedeutung. Deren Autoren kommentieren Themen aus allen Bereichen, sei es Politik, Mode oder Showbusiness. Ihr Credo lautet ebenfalls: Sei emotional und auffällig. Meist sind es Gerüchte oder treffsicher platzierte Bösartigkeiten, mit denen man auf sich aufmerksam macht. Viele schaffen daraufhin den Sprung in die klassischen Medien Print und Fernsehen und erlangen einige Berühmtheit. Ihr Erfolgsgeheimnis ist Meinung statt Information, ihre Taktik beruht darauf, emotionalisierende Extrempositionen einzunehmen.

Ein Beispiel dafür ist Mario Armando Lavandeira Jr., jener Blogger, der unter seinem Künstlernamen Perez Hilton bekannt wurde. Mit seinen Infamien und Falschmeldungen – unter anderem behauptete er, Fidel Castro sei gestorben – erreicht er hundert Millionen User im Monat und verdient 800.000 Dollar im Jahr. Ein Millionenpublikum befindet sich täglich auf seiner Webseite, wissend, dass es durch Diffamierungen Prominenter unterhalten wird. Das geschieht zum Teil mit banalsten Mitteln, wenn Perez Hilton Fotos von Stars durch entstellende Kritzeleien manipuliert und sie dem Gespött preisgibt.

Dies wäre mit einem Achselzucken hinzunehmen, wenn nicht das Publikum der Massenmedien und auch des Internets nach wie vor Orientierung in ihnen suchte, bis hin zur Sinnstiftung. Die einfache Gleichung, dass das, was öffentlich kommuniziert wird, auch geistige Relevanz hat, ist lediglich eine Behauptung derer, die daran verdienen. Dennoch wird das Mediengeschehen weiterhin als Sinn vermittelnd wahrgenommen.

Der Medienwissenschaftler Norbert Bolz verknüpft diese Beobachtung mit einer noch radikaleren These. Der Professor der TU Berlin meint, dass die Medien heute zum Substitut für religiöse Orientierungen geworden seien. »Medien bieten Ersatzformen von Allwissenheit und Allgegenwärtigkeit an«, stellt Bolz fest. »An die Stelle religiöser Kommunikation tritt heute Kommunikation als Religion. Totale Verkabelung, die Verstrickung im elektronischen Netz, wird der unbefangene Blick aber als profane Variante der religio – und das heißt ja eben: Rückbindung – erkennen.«

Das Bedürfnis nach höheren Werten und höheren Instanzen, so Bolz, werde aufgesogen von der Faktizität medialer Kommunikationsformen. »In der Vernetzung zum integralen Medienverbund ist uns eine stabile Umbesetzung der Transzendenz gelungen. Das Göttliche ist heute das Netzwerk. Und Religion funktioniert als Endlosschleife.« Ähnlich formuliert es der Ordinarius für Neuere Germanistik und Medienanalyse an der Universität Mannheim Jochen Hörisch: Die Leitmedien der Gegenwart seien »Hostie, Münze und CD-ROM«.

Haben wir uns so weit vom wahren Göttlichen entfernt? Kann die kommunikative Durchdringung unseres Lebens etwas bieten, das wir tatsächlich als Sinn erleben? Offenbar erliegen die Menschen rund um den Globus dieser Illusion. Sie glauben an die Segnungen von Fernsehen, Telekommunikation und Internet und sind tief verunsichert, falls sie einmal keinen Zugang zum großen medialen Stimmengewirr haben. So wird es oft berichtet, wenn Stromausfälle oder der Ausfall von Mobilfunknetzen die elektronische Kommunikation verhindern. Dann macht sich Hilflosigkeit breit, als fehle das einzig Wichtige.

»Das Göttliche ist heute das Netzwerk« – der Satz von Bolz lässt aufhorchen. Denn ohne eine substanzielle Spiritualität, die den Geist vom ökonomischen Denken erlöst, ist ein Bewusstseinswandel unmöglich. Bewusstsein und die Bereitschaft, manipuliert zu werden, schließen einander aus. Ohne ein Gespür für geistige Transzendenz verschütten wir den Zugang zum kostbarsten Potenzial, das wir besitzen: zu unserem Selbst.

Bei Aristoteles fand ich eine Passage, die auf den Punkt bringt, worum es mir geht: »Man darf aber nicht jener Mahnung Gehör geben, die uns anweist, unser Streben als Menschen auf Menschliches und als Sterbliche auf Sterbliches zu beschränken, sondern wir sollen, so weit es möglich ist, uns bemühen, unsterblich zu sein, und alles zu dem Zweck tun, dem Besten, was in uns ist, nachzuleben. Denn ob es auch klein ist an Umfang, ist es doch an Kraft und Wert das bei weitem über alles Hervorragende. Ja, man darf sagen: Dieses Göttliche in uns ist unser wahres Selbst.«

Wir brauchen die Vorstellung einer höheren Ebene, die zum Maßstab des Handelns wird. Insofern enthält der Funktionswechsel der Medien als Religionsersatz eine nicht zu unterschätzende Dramatik. Wenn ein ökonomisch getriebenes System die Bewusstseinssteuerung der Massen übernimmt, so stehen wir an der Grenze zur Eliminierung aller Werte. Übergeordnete, »wahre« Werte hätten dann keinen Platz mehr. Sind wir nicht längst an diesem Punkt angelangt?

Wie die nahe Zukunft aussehen könnte, zeigt uns einmal mehr ein Blick in die USA. Eine gigantische Vermarktungsmaschinerie suggeriert den Zuschauern auf zahllosen Fernsehkanälen vierundzwanzig Stunden am Tag, was sie zu kaufen haben, was sie essen, wie sie leben, aussehen und was und wie sie konsumieren sollten. Seit Generationen wurden dem Menschen diese Leitlinien aufoktroyiert. Viele haben ein Stadium psychischer Abhängigkeit erreicht, in dem sie alles glauben, was man ihnen zeigt. »Das Medium ist die Botschaft«, befand einst Marshall McLuhan, der Pionier der Medienphilosophie. Nicht die Inhalte also, sondern das Medium selbst erzeugt einen Sog der Aufmerksamkeit. Das Medium aber hat nur eine einzige Botschaft: Alles, was es darstellt, ist wirklich und wahr. Oder, in der Terminologie von Norbert Bolz: Das Medium ist der moderne Monotheismus. Es darf keine anderen Götter neben ihm geben. Was nicht im Fernsehen, im Internet oder in Printformaten abgebildet wird, existiert nicht.

Im Gegensatz zu den traditionellen Religionen bieten die Medien und im Besonderen das Fernsehen allerdings keine Perspektiven des Wandels zum Besseren. Sie zementieren den Status quo. Was die Macher des Mediensystems anrichten, kommt einer psychischen Konditionierung des Publikums gleich: Es lernt, seine Befindlichkeiten nicht aus der Wirklichkeit zu beziehen, sondern aus seinen medial vermittelten Erfahrungen. Kritische Gedanken oder die Formulierung eines Unbehagens an den Verhältnissen werden damit verhindert. Die Wirkungsweise erinnert an einen Roman, der früh eine umfassende Manipulation der Massen beschrieb: »Schöne neue Welt« von Aldous Huxley. Er entwarf – bereits 1932 – eine negative Utopie, indem er ein despotisches Regime schilderte, das seinen Untertanen heimlich Psychopharmaka verabreicht. Auf diese Weise verspüren sie weder Entbehrungen noch Leiden und werden empfänglich für die Indoktrination des Staates.

Huxleys Sohn radikalisierte später dieses negative Zukunftsszenario. Er sagte voraus, spätestens im Jahr 2030 werde sich der US-Präsident mit einer Fernsehansprache an das Volk wenden, in der er dazu auffordere, regelmäßig ein bestimmtes Beruhigungsmittel einzunehmen. Das geschehe im Namen des Gemeinwohls. Alle Konflikte könnten damit besänftigt werden, seien sie gesellschaftlicher, emotionaler oder rassistischer Natur. Die kollektive Sedierung, also Ruhigstellung per Psychopharmaka, sei der letzte Ausweg, um unvermeidliche Konflikte unter Kontrolle zu halten.

Als der Huxley-Sohn diese Prophezeiung formulierte, hielt man sie für reichlich übertrieben. Heute sehen wir, dass auch ohne Psychopharmaka ein Prozess der Betäubung eingesetzt hat, der ganze Völker ruhigstellt. Anders ist nicht zu erklären, dass selbst aufrüttelnde Ereignisse wie die Finanzkrise, der Vulkanausbruch auf Island oder die verheerenden Überschwemmungen in Pakistan keine nachhaltige Erschütterung hervorrufen. Schnell geht man immer wieder zur Tagesordnung über. Offenbar haben die Menschen verlernt, sich anrühren zu lassen und solche Ereignisse zum Anlass zu nehmen, über Veränderungen nachzudenken. Werden wir uns tatsächlich zu Tode amüsieren, wie Neil Postman es voraussagte?

Unsere Medienlandschaft zeigt in nuce, vor welchen Entscheidungen wir stehen. Wollen wir den Shareholdervalue oder soziale Gerechtigkeit? Wollen wir Profit oder Nachhaltigkeit? Und, auf die Medien bezogen: Geben wir uns mit dem Mainstream zufrieden, oder fordern wir Aufklärung? Fast scheint es, als würde der Mainstream siegen, die weltweite, unsichtbare Matrix eines Systems, das durch ein Zusammenspiel der großen globalen Produzenten auf allen Gebieten gekennzeichnet ist. Internationale Industriekonzerne gehören genauso dazu wie Finanzkonzerne und Medienkonzerne. Ihnen gemeinsam sind die Ziele und die Methoden: Alles muss auf eine Weise produziert und vermarktet werden, dass sich die breite Masse bestätigt fühlt und den Anreiz verspürt, ihrem Leben durch Konsum einen Sinn zu geben.

Das ist die Grundlage unserer westlichen Gesellschaften: die mainstreamhafte Entwicklung von Produkten, seien es Nahrungsmittel, Nachrichten oder politische Inhalte. Das Gegenstück wäre Aufklärung – die Legitimation von Fragen und kritischen Haltungen. Dieser Antagonismus wird das große Thema der kommenden Jahre sein. Und ich bin davon überzeugt: Wir sind nicht dazu verurteilt, blind und taub zu werden, Opfer der allmächtigen Bewusstseinsindustrie zu bleiben.

Es gehört zum Wesen jedes Systems, das sich mit machtvollem Druck behauptet, dass es einen Gegendruck erzeugt. Neuerdings geschieht etwas mit den Menschen, die sich so lange haben amüsieren lassen. Immer mehr begehren auf, so wie die Philosophen, Wissenschaftler und Heiler, die seit einiger Zeit auf mich zukommen. Es sind Vordenker, die sich auf der Suche nach Veränderung befinden. Sie kritisieren die Unkultur der Gier und die Ideologie des grenzenlosen Wachstums. Stattdessen sprechen sie vom notwendigen Erwachen des menschlichen Bewusstseins.

Ihr Einspruch bleibt nicht ungehört und nicht folgenlos. Seit kurzem lässt sich eine Gegenbewegung beobachten, und diese dringt inzwischen auch in die Öffentlichkeit vor. Selbst jene Medien, die sich bislang in Affirmation übten, geben auf einmal Menschen ein Forum, die sich der allgemeinen Desinformation widersetzen. Fakten kommen zutage, die oft jahrzehntelang unter dem Mantel des Schweigens verborgen waren. Gerade die jüngste Vergangenheit ist geprägt von aufklärerischen Impulsen, mit denen die Bastionen des Schweigens nach und nach fallen.

Es besteht Grund zur Hoffnung, denn wir leben in einer Zeit, in der nichts mehr verborgen bleibt. Vieles gerät jetzt an die Oberfläche, was systematisch verschleiert wurde. Wer hätte je gedacht, dass etwa das Bankgeheimnis in der Schweiz oder in Liechtenstein erodieren könnte? Lange glaubte man, dass die Finanztransaktionen wohlhabender Leute hinter Mauern der Hochsicherheitstrakte der Banken verschlossen bleiben würden. Dennoch fielen diese Mauern.

Auch die Enthüllung von Missbrauchsfällen in kirchlichen Einrichtungen und Internaten gehört in diese Zeit. Sie zeigt eine Tendenz des selbstverstärkenden Effekts: Mit jeder neuen Offenlegung werden Menschen ermutigt, ihr Schweigen aufzugeben und in die Öffentlichkeit zu gehen.

Die Fälle häufen sich. Korrupte Schiedsrichter, prügelnde Äbte, gekaufte Politiker, sie alle werden an den Pranger gestellt und für ihre Verfehlungen zur Verantwortung gezogen. Ich halte die Koinzidenz der Enthüllungen nicht für einen Zufall. Die Systeme und Strukturen sind ausgereizt und kollidieren sichtbar mit dem Wunsch nach Information und Aufklärung. Wir haben eine Grenze erreicht, an der die Grauzonen ausgeleuchtet werden, angestoßen durch die Medien. Auch unter den Belastungen des ökonomischen Drucks bricht sich die Suche nach Antworten, Lösungen und Gründen Bahn.

Ich halte diese Vorgänge für ein Zeichen. Was in den Köpfen Einzelner vorgeht, mag unerheblich sein angesichts der Bewusstseinsindustrie. Doch diese ist an einem Kipppunkt angelangt. Das gewaltige Gebäude der Massenmedien wankt, weil es ein unerträgliches Stadium der schieren Implosion erreicht hat. In dieser Situation wird es durchlässig für neue Ideen, für Kritik und für Alternativen. Das Individuum erhält Zugang, und seine Gedanken entfalten eine unvorhergesehene Macht. Diese Entwicklung findet auf der energetischen Ebene statt, in einem Bereich des Bewusstseins, in dem sich innovative Ideen konkretisieren, sobald sie eine gewisse Intensität erreichen.

Im besten Falle werden wir einen Dominoeffekt erleben. Der Vertrauensverlust, der bereits in Teilsystemen wie Politik und Wirtschaft manifest ist, wird sich weiter ausbreiten und epidemisch wirken. Eine Bastion nach der anderen wird fallen, bis die mangelnde Glaubwürdigkeit aller gesellschaftlichen Vertreter einen Umschwung zulässt. Die Entscheider werden sich rechtfertigen müssen, und viele von ihnen kommen nicht umhin, ihren Platz zu räumen, falls sie sich nicht vom alten Denken trennen. Sie werden sich nicht mehr halten können.

Wir stehen am Beginn einer neuen Ära. Immer mehr Menschen werden ihre innere Freiheit zurückgewinnen, die fast schon verloren schien durch die Massenhypnose der Bewusstseinsindustrie. Wir werden nicht mehr fragen, was uns persönlich nützt, sondern was allen dient. Wir werden unser Bewusstsein entdecken, das Georg Franck mit der Metapher des Herzens benennt: »Es ist etwas, das wir für andere haben. Es ist eine Art Sinn, der urteilt, aber nicht rechnet.«

Urteilen, ohne aufzurechnen, Empathie, Verantwortungsbewusstsein, das sind die neuen Paradigmen, die sich abzeichnen. Sie werden eine Revolution auslösen, getragen von Menschen, die zum Kern des Humanums zurückgefunden haben. Der Homo oeconomicus wird dem Homo sapiens weichen und damit Menschen, die ihre Bestimmung erkennen, eine freie, gerechte Welt zu erschaffen.

5. KAPITEL

Das Lebensprinzip der Energie

Selbstbestimmtes Handeln löst den Burn-out ab

»Mein Herz treibt mich, mein Bewusstsein, mein Geist. Was ich tue, geschieht, weil es einfach zwingend notwendig ist. Und dann fließt automatisch die ganze Energie des Universums hinein.« Dieses Statement las ich in einem Interview mit der indischen Feministin und Umweltaktivistin Vandana Shiva. In dem Gespräch kritisiert die Trägerin des Alternativen Nobelpreises die Blindheit der westlichen Welt und nicht zuletzt die deutsche Regierung, weil sie mit der Abwrackprämie in die falsche Richtung weise.

Die Vorherrschaft der Autokonzerne richtet in der Agrarlandschaft Indiens unübersehbare Verheerungen an. Vandana Shiva berichtet, dass indisches Ackerland zunehmend der Stahlindustrie weichen müsse. Auf Dauer werde es zu Nahrungsmittelengpässen kommen, weil es an Flächen fehle, auf denen Vieh weidet oder Getreide angebaut werden kann. Ihr Resümee ist vernichtend: Wir haben es mit einer ökonomischen und ökologischen Zeitbombe zu tun.

Wer ist diese Vandana Shiva? Ursprünglich Physikerin, hatte sie ihren Beruf aufgegeben, denn sie wollte sich nicht länger mit ihren »Lieblingsgedankenspielen« beschäftigen, während gleichzeitig »die Welt untergeht«. Es bestehe aber Grund zur Hoffnung, und so prophezeit sie das Ende des egoistischen, konsumorientierten Zeitalters mit einem Plädoyer, sich endlich auf ein glücklicheres Leben zu konzentrieren.

Offensichtlich äußert sich hier eine Frau, die mit ihrer Lebensführung für ihre Überzeugungen einsteht. Besonders aber berührt es mich, dass sie von den Energien des Universums spricht. Zweifellos sind Herz, Bewusstsein und Geist keine leeren Formeln für sie, vielmehr Schlüsselbegriffe, die auf einen transformierten Menschen hindeuten. Mit dem Hinweis auf das energetische Prinzip gibt sie zu erkennen, dass sie auf einer höheren Ebene denkt und reflektiert.

Damit spricht sie Gedanken an, die mich beschäftigen, seit Beginn meines eigenen Weges der inneren Transformation. Energie ist das Prinzip, dem alles Leben auf der Erde unterworfen ist. Schon die Entstehung unseres Planetensystems verdanken wir einer gewaltigen Energie: dem sogenannten Urknall, dessen Folgen bis heute die Bewegungen der Gestirne steuern und sie seit Millionen von Jahren auf stabilen Umlaufbahnen halten. Von der Zellteilung eines Pantoffeltierchens bis hin zur Entstehung komplexer Gedankengebäude ist alles durchpulst von dieser kosmischen Energie.

Wer über Veränderungen und einen qualitativen Wandel nachdenkt, kommt deshalb nicht umhin, sich mit dem Wesen von Energie auseinanderzusetzen. Sie enthält und erhält das gesamte Potenzial unseres menschlichen Seins. Geistige Energie, das erwähnte ich bereits im ersten Kapitel, eröffnet uns ungeheure Chancen. Sie ist unendlich, so wie das Universum, mit dem sie verbunden ist. Viele der östlichen Lehren kreisen um diese Energie. In der chinesischen Philosophie des Daoismus wird sie Qi genannt, eine substanzielle Kraft, die alles Physische und Geistige durchdringt. Das Qi selbst ist nach dieser Auffassung kosmischer Geist, der unwandelbar in allen irdischen Prozessen wirksam wird.

Interessant erscheint, dass in dieser Vorstellung universeller Energie eine elementare Unterscheidung getroffen wird. Zu Beginn allen Lebens habe das Qi in reiner Form existiert, als Yuanqi, in dem die polaren Kräfte Yin und Yang noch enthalten waren. Getrennt worden sei diese energetische Urform dann durch die Ausbildung von Himmel und Erde. Fortan stand Yin für das Helle und Klare, Yang dagegen für das Dunkle, Erdenschwere. Dazwischen bewegt sich der Mensch, dessen Aufgabe es ist, das Yin-und-Yang-Prinzip in Balance zu halten.

Fließt das Qi, so atmet der Mensch die ganze Kraft des Universums ein. Im Daoismus wird dementsprechend ein großer Wert auf spezielle Atemübungen gelegt. Nach dieser Lehre atmen Himmel und Erde in der Zeitspanne von Mitternacht bis zum Mittag ein, also solle auch der Mensch nur in diesem Zeitraum seine Atemübungen absolvieren. Beachte er diese Regel, so nehme er ausschließlich positive Energie auf, denn Qi bedeutet Vitalität, Gesundung, erschaffende Kraft. Qi materialisiert sich beispielsweise als Sonnenenergie, die Pflanzen wachsen lässt, oder als mütterliche Zuwendung.

Viele Yoga-Übungen basieren auf dieser Vorstellung. Das tiefe, entspannte Atmen ist die unentbehrliche Voraussetzung für einen universellen Energietransfer. So habe ich das Atmen seit meiner ersten Berührung mit dieser Lehre als ein Sinnbild des richtigen Lebens empfunden. Achtsam atmen, sich an die kosmische Energie anschließen, Yin mit Yang in Einklang bringen – für mich ist das auch eine Handlungsanweisung. Auf einer höheren Ebene des Bewusstseins können wir die kosmische Energie nutzen, um positive Veränderungen anzustoßen und zu fördern. Gleichzeitig müssen wir das Yang erkennen, seine dunkle Energie, um es zu zügeln und zu bändigen. »Die reine Beobachtung ist die Energie, die das, was ist, verwandelt. Wenn Sie das verstehen, dann werden Sie sehen, dass Sie völlig frei von psychischen Ängsten sind«, schreibt der indische Philosoph und spirituelle Lehrer Jiddu Krishnamurti.

Energie halte ich für den Schlüsselbegriff der Gegenwart. Dabei sei Energie in einem weiten, umfassenden Sinne verstanden. So, wie wir nach erneuerbaren Energien suchen müssen, die sich in den Kreislauf der Biosysteme harmonisch einfügen, ist auch das Wesen der geistigen Energie einer Revision zu unterziehen. Als Beispiel sei die Kunst des Aikidō genannt. Aikidō ist Philosophie und Kampfkunst zugleich. Aikidō folgt dem Prinzip, die Energie eines Gegners keinesfalls mit Gegendruck zu beantworten. Stattdessen wird die Energie des Gegners genutzt, um ihr eine neue Richtung zu geben.

Auf der Ebene des körperlichen Kampfes spielt sich das als ein intelligentes Spiel der Bewegungen ab. Die Faust des Gegners, die heranschnellt, wird nicht etwa abgewehrt, sondern in der Bewegung aufgefangen und umgelenkt. Damit wird zum einen der Angriff vereitelt, zum anderen ermöglicht diese Taktik eine Verwandlung aggressiver Energie in positive Energie. Die Aggression wird neutralisiert.

Im besten Falle ereignet sich die Transformation in Synergie. Aus den beiden Kämpfenden werden zwei Menschen, die ihre Energien bündeln. So ist Aikidō keine Strategie, um zu siegen oder gar zu zerstören, sondern um ein Bewusstsein für den Wert von Energie zu erschaffen. Morihei Ueshiba, einer der führenden Philosophen und Begründer dieser modernen japanischen Kampfkunst, sagt denn auch: »Wenn du angegriffen wirst, schließe deinen Gegner ins Herz.« Insofern gilt Aikidō als friedfertige Kampfkunst. Dem Gegner wird die Chance eröffnet, zur Besinnung zu kommen, sein Handeln zu überdenken und von weiteren Angriffen abzusehen. Morihei Ueshiba betont, dass Aikidō nicht dazu dient, den Gegner zu töten: »Es ist viel besser, einen Angreifer geistig zu besiegen, sodass er seinen Angriff gerne aufgibt.«

Es ist leicht zu erkennen, dass diese Philosophie eine tiefe Weisheit vermittelt, die dem westlichen Kampfgedanken entgegensteht. Auf der übertragenen Ebene heißt das: Der Konkurrenzkampf westlicher Prägung missbraucht Energie, weil das Ziel nur Sieg oder Zerstörung heißt. Dieser Kampf bleibt eindimensional. Der östliche Weg dagegen führt zu Befriedigung durch Reflexion der Energie selbst. Dieses Kräftemessen ist mehrdimensional und enthält die Perspektive einer Beilegung aller Kämpfe. Pointiert gesagt: Es ist eine Kampftechnik, die den Kampf ad absurdum führt – oder eben zur Kunst erhebt.

Unsere Kämpfe heute haben viele Namen. In meiner Branche ist es der Kampf um Rechte für gewinnbringende Manuskripte, um Auflagen und Marktanteile. Erfolge stellen sich meist nur kurzfristig ein. Wenn ein Verleger sein Hauptaugenmerk auf den Marktanteil statt auf den Inhalt richtet, wird sich sein Konkurrent mit aller Kraft ebenfalls darauf richten. So haben wir es gelernt, das ist unsere Kultur. Sie kennt nur Druck und Gegendruck, Sieg und Niederlage, den Stärkeren und den Schwächeren – aus diesen Polaritäten speist sich unser Denken und Handeln. Zurück bleiben Gewinner und Verlierer bzw. Opfer.

Mich hat Aikidō immer fasziniert. Es repräsentiert einen anderen Energiebegriff im Umgang miteinander: aufeinander Rücksicht nehmen, im Team arbeiten, positive Energien verstärken. Es stellt sich die Frage: Welche Bedürfnisse hat der andere? Wie kann ich ihm helfen? Und wenn es dem anderen gut geht, dann nützt es auch mir. Letztlich zeigt sich hier das uralte Prinzip der Resonanz, das schon unsere Großeltern kannten, wenn sie sagten: Wie man in den Wald hineinruft, so schallt es zurück. Jeder Gedanke hat eine spezifische Schwingung, die in den Kosmos hineinwirkt, um uns das zurückzubringen, was wir ausgesandt haben.

Wir kommunizieren gewissermaßen permanent mit dem Universum. Es ist, wie Ken Wilber in seinem Buch »Integrale Spiritualität« schreibt, eine »Aktivität der gegenseitigen Resonanz – die zwei ›Ichs‹, von denen jedes für das andere ein ›Du‹ ist, in ein ›Wir‹ umwandelt«. Resonanz verbindet daher alles, was existiert. Sie wird unterbrochen, wenn Energien achtlos verbraucht werden, sei es im physikalischen oder menschlichen Kontext.

Unser Energiekonsum missachtet die zyklische Natur allen Seins. Wenn wir Kohle oder Öl verbrennen, wird Energie vernichtet. Daher suchen geistig entwickelte Forscher nach Energieformen, die man recyceln kann. So wie beim Aikidō eine Transformation von Energie erreicht wird, indem man ausweicht, müssen wir auch in anderen Bereichen ganzheitlich denken. Sonst sind unsere Energieressourcen bald schon sinnlos verschleudert.

Um die knappen Ressourcen unseres Planeten hat ein globaler Wettlauf begonnen. Alle Industrienationen suchen fieberhaft nach billigen Energiequellen, setzen aber nach wie vor auf bekannte Verfahren. Immer noch wird unter riskantesten Bedingungen nach Öl gebohrt. Immer noch wird die umweltzerstörende Expansion der Energiegewinnung damit gerechtfertigt, dass die Wirtschaft andernfalls in naher Zukunft zusammenbräche. Große Nationen wie die USA, China oder Indien sind weit davon entfernt, sich ernsthaft auf erneuerbare Energien zu konzentrieren. Im Wettstreit um Effizienz und Marktkontrolle fehlen die Zeit und das Geld, um in die Entwicklung neuer Strukturen zu investieren und beispielsweise Windkraft oder Solarenergie als starke Säule der Energiegewinnung auszubauen.

Mit anderen Worten: Es fehlt am geistigen Bewusstsein für die Notwendigkeit dieser Investitionen. In den Vorstandsetagen wird vor allem gerechnet, und die Zahlenwerke folgen nach wie vor schnellen Renditen, ohne die Idee der Nachhaltigkeit einzubeziehen. Noch ist den Entscheidern nicht bewusst, dass der Geist die fundamentale Ebene des Handelns ist, so wichtig wie eine funktionierende Infrastruktur oder ein gut organisiertes Gemeinwesen.

Der reine Zweckrationalismus hat kurze Rhythmen, Fantasie oder gar Visionen sind ihm fremd. Daher konzentrieren sich die Manager darauf, die bestehenden Strukturen zu erhalten. Wenn aber der Geist nicht geklärt ist, wenn keine geistige Transformation stattfindet, werden alle Systeme bald an einen Endpunkt gelangen und kollabieren. Könnte das ein »heilsamer Schock« sein? Oder die finale Katastrophe?

Manche Theoretiker skizzieren bereits die »Post-Kollaps-Gesellschaft«. Sie prophezeien für das Jahr 2015 einen globalen Zusammenbruch, der alle strukturierenden Ordnungen betrifft: politische Systeme, Wirtschaftskreisläufe, Medienöffentlichkeiten, Gesellschaftsformen. Zu diesen Theoretikern gehört der Unternehmer und Vordenker Johannes Heimrath, der den Begriff der Katastrophe neu beleuchtet: Es gehe nicht darum, sie aufzuhalten, sondern sich mit aller Umsicht auf die Welt vorzubereiten, die wir danach vorfinden werden. Der Kollaps, so Heimrath, sei eine Realität. Gerade dieser Gedanke könne einen Lernprozess einleiten, um die Zeit vor und nach dem Kollaps sinnvoll zu nutzen.

Heimraths Prognosen folgen nicht der bekannten Katastrophenrhetorik, deren Urheber sich als warnende Instanz verstehen. Seine Thesen verzichten auf Szenarien, die Panik auslösen könnten. Nüchtern listet er die in naher Zukunft kollabierenden Teilsysteme auf, den Klimawandel, den Rückgang der Artenvielfalt, die ungelösten Abfallprobleme, die sich abzeichnende Energieknappheit. Dagegen setzt er die geistige Energie. Sie sei keine Illusion, sondern arbeite mit Rückkopplungen: Wenn die Katastrophe bereits als real – und prinzipiell als zu bewältigend – erlebt werde, ändere sich das Handlungsmuster auch in der Gegenwart.

Seine Thesen lassen sich als eine Reformulierung geistiger, erschaffender Energie lesen. Ihr Medium seien neue geistige Eliten. Diese grenzt er klar gegen die Aussteiger früherer Jahre ab. Seiner Auffassung und Erfahrung nach reicht es nicht aus, dass selbst erklärte Gutmenschen Inseln bilden, auf denen sie alternative Lebensweisen erproben. Vielmehr sei es geboten, ein neues Bewusstsein sichtbar zu implementieren, für alle, nicht nur für wenige. So fordert er ein Umdenken, das durch »Interaktion mit dem Mainstream« geschehen könne – ein völlig neuer Gedanke. Dieser beruht auf der Annahme, dass alternative Lebens- und Denkformen energetisch vermittelbar seien, auch dorthin, wo das Beharrungsvermögen des Faktischen zum hartnäckigsten Widersacher wird.

Heimrath verweist auf die Chaosforschung und zeigt, wie solch eine Verstärkung geistiger Energie vor sich gehen kann: Erst wenn ein System instabil wird, so erkennen die Erforscher chaotischer Systeme, wird es empfänglich für neue Attraktoren, oder, im übertragenen Sinne, für neue Ideen. Komplexe dynamische Systeme wie das Wetter liefern das Anschauungsmaterial dazu. Winzige Veränderungen der Randbedingungen, so beschreibt es der Pionier der Chaosforschung, der US-Mathematiker und Meteorologe Edward N. Lorenz, können langfristig das gesamte System vollständig verändern.

Der berühmt gewordene »Schmetterlingseffekt« versinnbildlicht dieses Phänomen. Lorenz fragte: »Kann der Flügelschlag eines Schmetterlings in Brasilien einen Tornado in Texas auslösen?« Seine überraschende Antwort war ein klares Ja. Wir haben es hier mit einer energetischen Interpretation von Systemen zu tun, die herkömmliche Vorstellungen von Linearität und Kausalität überschreiten. Das Newtonsche Weltbild begriff Kausalität als einfache Proportion: große Ursache, große Wirkung – kleine Ursache, kleine Wirkung. Lorenz dagegen stellte ein neues Paradigma auf, als er selbst geringfügigsten Einflüssen ein immenses Wirkpotenzial zusprach.

Unmittelbar wurde diese Neubewertung in anderen Fachgebieten übernommen. Plötzlich hatte man ein Deutungsmodell zur Hand, mit dem sich erklären ließ, was nicht kongruent mit klassischen Theorien erschien: das schnelle Kippen von Systemen. Auch die Gesellschaftswissenschaften reagierten. Der Soziologe Rainer Paslack von der Universität Hamburg etwa weist darauf hin, dass der Fall der Berliner Mauer ebenfalls durch Selbstverstärkung kleinster Impulse möglich wurde. Was anfangs als Randerscheinung wirkte, die geheimen Zirkel der Bürgerbewegung beispielsweise, gewann ungeheure Macht und war schließlich in der Lage, fast über Nacht ein stabil geglaubtes Staatsgebilde auszuheben.

Für den Soziologen Niklas Luhmann wurde die Chaosforschung zum Anstoß seines Theorems der nicht planbaren Gesellschaft: Wenn sich kleinste Teilsysteme verändern, so seine These, dann habe das immer Auswirkungen auf das gesamte System und definiere es neu. Steuerungen »von oben« unterlägen dementsprechend einer permanenten Korrektur durch die Teilsysteme und seien letztlich nicht berechenbar. Nachträglich kann man daraus folgern, dass beispielsweise das Umweltbewusstsein, das anfangs von einer marginalen Randgruppe propagiert und eingefordert wurde, auf diesem Weg in die herrschenden Strukturen fand. Heute haben wir ein eigenes Umweltministerium, und die Grünen sind auf dem Weg zur Volkspartei.

Nicht von ungefähr arbeiteten Forscher unterschiedlichster Disziplinen fortan mit den Ideen, Ansätzen und Methoden, die sich aus der Analyse komplexer dynamischer Systeme ergaben. Es wurde zum einen offenbar, dass jedes System instabil werden kann. Zum anderen erlaubte die Chaosforschung die Schlussfolgerung, dass es eine Strukturhomologie zwischen Vorgängen in der Natur und gesellschaftlichen Prozessen geben musste. Die nämlich erfolgen oft sprunghaft, nicht als Folge kontinuierlicher Entwicklungen. Umstürze, Revolutionen, schlagartige Phasensprünge waren nun kompatibel mit grundlegenden naturwissenschaftlichen Erkenntnissen.

Energetisch gesprochen heißt das, dass Energie qualitativ bewertet werden muss, nicht quantitativ. Da alles mit allem strukturell vergleichbar und verbunden ist, seien es Wettersysteme oder Gesellschaftssysteme, ist das große Ganze hochsensibel selbst für marginale Einflüsse. Ein einziger positiver Gedanke kann einen Schmetterlingseffekt auslösen, da seine Energie nicht verlorengeht. Trifft er auf ein System, das bereits eine Dysfunktionalität aufweist, so erhöht sich seine Wirkmacht.

Im Einklang mit der These, dass Systeme prinzipiell instabil werden, formuliert Heimrath die Pointe seiner Überlegungen, wonach nichts einen systemischen Absturz verhindern könne. Der zwangsläufige Kollaps ist für ihn gleichsam Naturgesetz. Man müsse ihn aktiv antizipieren, durch einen Bewusstseinswandel: Den bevorstehenden Kollaps als Option zur Veränderung der Gegenwart zu begreifen, bedeutet, dass der bevorstehende Zusammenbruch seinen vernichtenden und lähmenden Charakter verliert. Nur dann würden Energien freigesetzt werden, die andernfalls durch Resignation und Ängste gefesselt blieben.

In der Tat ist nicht zu übersehen, dass Energie auch im geistigen Sinne eine immer knappere Ressource wird. Das Schlagwort der »Burn-out-Gesellschaft« wirft ein Licht darauf, dass immer mehr Menschen unter hohen Energieverlusten leiden. Sie fühlen sich leer und ausgebrannt. Psychologen und Mediziner sind meist ratlos, wenn Patienten mit Burnout-Symptomen in ihre Praxis kommen, da es sich offenbar um ein subjektives Unbehagen handelt, dessen Ursachen diffus bleiben. Nach außen hin führen die Patienten oft ein befriedigendes Leben. Sie haben eine Familie, einen Job und gehen ihren Freizeitaktivitäten nach. Dennoch fehlt es ihnen an Lebensenergie. Sie empfinden ihre Existenz als sinnlos, während sie sich gleichzeitig überfordert fühlen.

Burn-out-Situationen sind mir nicht fremd. Sie stellten sich immer dann ein, wenn mein inneres Wertesystem auf ein differentes äußeres Wertesystem traf. Das geschah meist in Hierarchien, in denen jene Macht über mich gewannen, die inhaltsfremde Maßstäbe an meine Arbeit anlegten. Das blockierte und hemmte den Fluss der Kreativität. Sobald die Controller mir Zwänge auferlegten, so wie zu Beginn des Kulturwandels bei Time Life, wurde mir ein Stück Lebensenergie genommen. Von meiner Begeisterungsfähigkeit und Offenheit blieb nichts übrig; Hilflosigkeit trat an ihre Stelle.

Wenn Fühlen und Tun derart auseinanderfallen, führt es zu energetischen Blockaden. Millionen von Menschen spüren diesen Widerspruch tagtäglich, ohne ihn auflösen zu können. Ihr Bewusstsein sagt ihnen, dass sie etwas ändern sollten, doch dann befällt sie wieder Ohnmacht angesichts der Strukturen, in denen sie um ihr Überleben kämpfen. Viele von ihnen erliegen einem psychosomatischen Erschöpfungssyndrom, das sich als körperlicher Zusammenbruch äußert.

Eine Autorin, die über ihren Burn-out ein Buch geschrieben hat, ist eine unfreiwillige Kronzeugin für diese Ambivalenz. Miriam Meckel, 42-jährige, in der Schweiz lehrende deutsche Medien-Professorin, schildert in ihrem autobiografischen Werk »Brief an mein Leben – Erfahrungen mit einem Burnout«, wie sie in sinnlosen Aktionismus verfiel. Sie galt als erfolgreich, hatte eine bemerkenswerte Karriere in den Medien, der Politik und in der akademischen Welt hinter sich – und geriet an die Grenze ihrer Belastbarkeit.

»Ich war fünfzehn Jahre um die Welt gereist«, schreibt die Kommunikationswissenschaftlerin, »hatte gearbeitet, geredet, geschrieben, akquiriert, repräsentiert, bis der Arzt kam. Im Wortsinne. Ich habe keine Grenzen gesetzt, mir selbst nicht und auch nicht meiner Umwelt, die zuweilen viel verlangt, mich ausgesaugt hat wie ein Blutegel seinen Wirt. Und das meiste von dem, was ich gemacht habe, hat mir tatsächlich Freude gemacht. Aber ich habe in alldem nicht die aristotelische Mitte finden können zwischen dem ›Zuviel‹ und dem ›Zuwenig‹. Nun war ich plötzlich stillgelegt, wiederum im Wortsinne.«

Flexibilität, Leistungsbereitschaft, Überforderung, Miriam Meckel zählt auf, was sie krank gemacht hat. Burn-out ist alles andere als ein Modebegriff – der Zustand ist Symptom einer Gesellschaft, die von innen her erkrankt ist. Dass den Menschen Energie fehlt, betrifft sie vor allem in geistiger und spiritueller Hinsicht. So wie sie das Bewusstsein für das große Ganze verloren haben, ist auch ihr Kontakt zur kosmischen Energie abgeschnitten. Ihre Kräfte erlöschen und so auch die Fähigkeit zur Veränderung.

Damit einher geht ein Missverhältnis von Yin und Yang, von heller und dunkler Energie. Viele scheuen die Auseinandersetzung mit ihren »dunklen Seiten«. Auch ich musste mich erst meinen dunklen Seiten stellen, bevor ich das Licht entdeckte. Es war kein leichter Weg zur Wahrhaftigkeit. Mein Selbstbild verbot mir lange Zeit einzugestehen, dass ich sehr wohl den Rausch der Macht, die Gier, das Konkurrenzdenken lebte.

Mit Hilfe spiritueller Lehrer erkannte ich, dass ich diese Seite erkunden musste, statt sie zu verdrängen. Es wäre sinnlos gewesen, meiner Seele eine Unbedenklichkeitsbescheinigung auszustellen, so sehr es mir auch geschmeichelt hätte. Ich begriff immer mehr, dass die Dinge, die mir passierten, Prüfungen waren – und dass diese Prüfungen mich ein Leben lang begleiten würden, als Chance, mich zu entwickeln. Erst wer erkennt, dass er beides in sich trägt, die erschaffende und die zerstörerische Energie, ist bereit für die Transformation und bereit, an sich zu arbeiten. Am Anfang steht die innere Reinigung. Wir müssen uns fragen: Was ist nur antrainiert und fremdbestimmt? Was ist unser eigentliches Selbst?

Bislang fand die Klärung innerer Konflikte meist auf einer sehr einfachen Stufe statt. Hatte jemand Probleme, so suchte er einen Therapeuten auf. Das kann aber lediglich eine Vorstufe der inneren Reinigung sein. Heute sollte jeder versuchen, auch ohne therapeutische Unterstützung vollkommen ehrlich mit sich zu sein. Dann kann er sich annehmen, so wie er ist. Er schaut ruhig seine Schatten an und spaltet sie nicht länger von seiner Persönlichkeit ab.

Das ist die Schlüsselaufgabe, mit der wir es zu tun haben. Intensivste Gefühle werden dabei an die Oberfläche kommen, Tränenausbrüche, Verzweiflung, unsagbare Traurigkeit.

Viele dieser Emotionen gehen auf gespeicherte Erfahrungen zurück, auf den kollektiven Erinnerungsspeicher, den wir in uns tragen. Der Philosoph, Theologe und Psychologe John Bradshaw beschreibt dies in seinem Buch »Das Kind in uns« als Urschmerz, den die meisten von uns ein Leben lang vermeiden und abwehren, statt ihn zu befreien. »Die Verarbeitung des Urschmerzes«, so schreibt er, »beruht auf der Hypothese, dass frühkindliche, seelische Schmerzen betäubt und blockiert sind. Wir agieren, weil wir sie nie verarbeitet haben. Und wir können sie nicht verarbeiten, weil die Mechanismen, die für die Blockierung verantwortlich sind (die Abwehrmechanismen), uns daran hindern, unsere Schmerzen überhaupt wahrzunehmen.«

Gerade in Deutschland wird man solche Gefühle durchleben, weil dieses Land Erfahrungen mit extremster Gewalt gemacht hat, mit Krieg, Völkermord und Zerstörung. All das nistet in uns, oft unerkannt. In unzähligen Familien wird der Schmerz unbewusst weitergegeben, von Generation zu Generation. Wenn man dann meditiert und die Stille erfährt, kehrt der Schmerz machtvoll zurück. Danach aber spüren wir das Angeschlossensein nach oben, und eine ungeheure Energie strömt in Geist und Seele. Ein Gefühl von Reinheit und unendlicher Kraft entsteht. Dies gilt es zu halten, bei allem, was man tut – das ist das neue Bewusstsein, ungehemmt, frei, voller erschaffender Energie.

Viele spirituelle Denker widmen sich zurzeit der »neuen Energie«, wie sie es nennen. Für mich ist diese neue Energie nicht abstrakt, sondern sehr konkret. Sie verbindet die Menschen, weil sie ihnen den Zugang zu der großen, allumfassenden, kosmischen Energie gewährt. Wissenschaftlich gesehen ist sie im Weltall lokalisiert, spirituell im großen Ganzen. »Im Zustand innerer Verbundenheit«, so beschreibt es Eckart Tolle, »bist du wesentlich aufmerksamer, wacher, als wenn du mit deinem Verstand identifiziert bist. Du bist völlig gegenwärtig. Und auch die Schwingung des Energiefeldes, welches den physikalischen Körper am Leben erhält, wird erhöht.«

Wer Zugang zu dieser Energie hat, wer angeschlossen ist an die kosmische Energie, wird permanent Nachschub bekommen, so unendlich wie das Universum selbst, und zu großen geistigen Leistungen fähig sein. Seine Schwingung wird sich verändern, so wie seine Gedanken. Er wird sich nicht mehr darauf fixieren, andere zu übervorteilen, um das größere Auto oder das prächtigere Haus kaufen zu können. Solange er das tut, sind seine Energien an die Materie gebunden. Wer aber mit sich im Reinen ist, der lebt die kosmische Energie auf einer höheren Schwingungsfrequenz aus.

»Weil du die Welt bist, werden deine Taten die Welt beeinflussen, in der du lebst, die Welt deiner Beziehungen«, erklärt der bereits erwähnte indische Philosoph und spirituelle Lehrer Krishnamurti das Potenzial dieser neuen Schwingung. Er weiß allerdings auch: »Die Schwierigkeit liegt darin, die Bedeutung der individuellen Transformation zu erkennen. Wir möchten, dass sich die Gesellschaft um uns herum ändert, aber wir sind blind und wollen uns selbst nicht ändern.« Solche Widerstände gelten für die große Masse von Menschen, die sich bereits vom neuen Denken angezogen fühlen, aber den letzten Schritt scheuen. Echte innere Transformation ist mehr als psychologische Selbstergründung oder Selbstfindung, sie ist auch mehr als eine Therapie. Denn sie verlässt die Selbstbezüglichkeit und schließt den Einzelnen an die universalen Energieströme an.

Transformierte und gereinigte Menschen können das ganze Spektrum ihrer Persönlichkeit zum Ausdruck bringen und in völlig neuer Weise kommunizieren. Alles, was sie geben, erhalten sie zurück. Das beflügelt sie, sich für das große Ganze zu engagieren, im Bewusstsein, dass nichts von der positiven Energie verlorengeht. Man kann Verantwortung übernehmen, sei es für andere Menschen, für ein Projekt oder eine Idee. So wird das Bewusstsein nach und nach zum Medium eines kollektiven Wandels. Das ist kein Wunschtraum, sondern energetische Realität. Jeder Einzelne hat die Kraft, das Ganze zu beeinflussen, nachhaltig, mit den besten Konsequenzen.

Wie aber finden diese Energietransfers genau statt? Ein Erklärungsmodell für die Möglichkeit sprunghafter Bewusstseinsänderungen liefert der britische Biologe Rupert Sheldrake. Auch er widmet sich einem Energietransfer, der die konventionellen Erklärungen von Kausalität verlässt. Seine Theorie der morphischen (auch morphogenetisch genannten) Felder geht von der Beobachtung aus, dass sich die Formen der Natur global verändern, nicht punktuell. Nach Sheldrake ist es die Auswirkung eines permanenten Informationsaustauschs: Wenn sich irgendwo ein Entwicklungssprung ereigne, so werde er im Sinne einer morphischen Resonanz auch anderswo vollzogen.

Die Gleichzeitigkeit von Lernprozessen über große geografische Distanzen hinweg belegt er mit verblüffenden Beispielen. Eines aus der Fauna ist die Verhaltensänderung von Spatzen: In den USA »lernten« Vögel, Milchtüten aufzupicken, die vom Lieferservice morgens vor den Haustüren abgestellt wurden. Zur selben Zeit begannen auch Spatzen in England, auf diese ungewöhnliche Weise eine neue Nahrungsquelle zu erschließen. Ähnliche Informationsflüsse bestimmen auch unsere Zivilisation. Bahnbrechende Erfindungen wie das Rad wurden fast gleichzeitig auf verschiedenen Kontinenten gemacht. Der Biologe spricht daher von einem kollektiven Gedächtnisspeicher, der nicht allein auf die stoffliche Ebene einwirke, sondern auch auf die soziale Wirklichkeit.

»Die morphogenetischen Felder aller vergangenen Systeme werden für jedes folgende System gegenwärtig, die Strukturen vergangener Systeme wirken auf folgende ähnliche Systeme durch einen sich verstärkenden Einfluss, der über Raum und Zeit hinaus wirksam ist«, fasst Sheldrake diesen Transfer in seinem Buch »Das schöpferische Universum« zusammen. Er folgert: Je mehr Menschen eine bestimmte Fähigkeit ausbilden, desto leichter fällt es anderen, diese zu übernehmen, über Raum und Zeit hinweg. Die Konsequenz: Es muss ein transzendentales Bewusstsein geben, das jeder Einzelne mitgestaltet. Das ist die neue Energie: Jeder Einspruch, jeder Protest, jede Veränderung werden kollektiv wahrgenommen und übernommen, vervielfältigen sich und formen neues Denken.

Das erlebe ich beinahe täglich, seit ich mich mit spirituellen Themen beschäftige. Ich treffe Heiler, spirituelle Lehrer und alternative Wissenschaftler, die sich mit großem Enthusiasmus der Umkehr widmen. Sie alle haben die gleichen Erfahrungen gemacht wie ich. Nun ist es meine Aufgabe, die »Interaktion mit dem Mainstream« mit meinen Mitteln zu verwirklichen. Für mich sind ihre Erkenntnisse eine Bestätigung meiner Arbeit. Oft habe ich erlebt, dass eine positiv ausgerichtete Wahrnehmung die Aufmerksamkeit lenkt – weg vom Destruktiven und hin zu Menschen, die sich ebenfalls dem Mechanismus der Negativität verweigern.

Gleichzeitig wird mir bewusst, dass ich nicht allein bin mit meinen Erfahrungen. Aufbruch liegt in der Luft. Ich bin längst nicht der Einzige, der eine Wandlung durchmacht, es scheint vielmehr eine starke Tendenz zu sein. Immer häufiger begegnen mir Menschen, die sich auf bemerkenswerte Weise transformieren, aus der Einsicht heraus, dass sie nach vielen Irrtümern ein menschenwürdiges, ethisch orientiertes Leben verwirklichen wollen.

Ist es möglich, dass sich inmitten unserer niedergehenden westlichen Zivilisation der Wille zur Umkehr durchsetzt?

Noch vor einigen Jahren wäre ich skeptisch gewesen. Heute weiß ich, dass genau dies unmittelbar bevorsteht. Wir stehen an der Schwelle zu einem epochalen Paradigmenwechsel. In seinem Zentrum steht der neue Energiebegriff, und er wird alle aggressiven und verantwortungslosen Verhaltensweisen ablösen und überwinden.

Noch beherrschen sie die Welt. Sowohl physikalische als auch geistige Energie wurde von jeher eingesetzt, um den Konkurrenzkampf der Volkswirtschaften zu munitionieren. Heute geschieht das im Verbund mit global agierenden Konzernen, die einen Kampf um und einen Kampf mit Hilfe von Energie organisieren. Am deutlichsten veranschaulichen das kriegerische Auseinandersetzungen, die sich als ökonomische Herrschaftsansprüche demaskieren: der Kampf um Öl im ersten Golfkrieg, der Kampf um wirtschaftliche Hegemonie im zweiten Golfkrieg, schließlich der Kampf um Ressourcen in Afghanistan.

Horst Köhlers unbedachte Äußerung, die schließlich zu seinem Rücktritt führte, war weit mehr als ein Lapsus. Erstmals hatte es ein ranghoher Politiker gewagt, die wahren Interessen des Westens in Afghanistan zu benennen: der freie Zugang zu Handelswegen. Und, wenige Wochen später wurde es öffentlich, zweifellos auch der Anspruch und die Zugriffsmöglichkeit auf gewaltige Bodenschätze, die man in Afghanistan entdeckt hatte. So viel Ehrlichkeit war nicht vorgesehen.

Der Fall Köhler ist nicht nur ein Signal für den Untergang der herrschenden politischen Klasse. Gewiss, Verantwortung für sein Scheitern tragen jene, die ihn in diese Position gebracht haben – aus Machtkalkül, und nicht etwa deshalb, weil er der beste Mann gewesen wäre. Man hielt ihn für steuerbar, er aber tat das Ungeheuerliche und stellte sich der Wahrheit. Auch hier, davon bin ich überzeugt, wirkten starke Energien. Ungewollt zog Köhler die Notbremse, aus dem Gefühl heraus, dass er nicht länger heucheln wollte. Sein Unterbewusstsein muss von einem unbändigen Wunsch nach Wahrhaftigkeit bewegt worden sein.

Kündigen solche Vorfälle schon einen Bewusstseinssprung an? Ich vermute eher, dass wir Zeugen eines Phasenübergangs sind, der sich in neuen Sichtweisen äußert. Lange ging es um die Entscheidung zwischen Denken und Glauben, ein großes geistesgeschichtliches Thema, das die abendländische Kultur seit der Antike umtreibt. Mit der Aufklärung löste das Denken den Glauben ab. Wer sich heute zu einer religiösen Überzeugung bekennt, wird leicht zum Außenseiter abgestempelt. Inzwischen erleben wir eine neue Phase: die Fähigkeit und Lust, im Jetzt zu sein, ohne den Zwang des Verstandes.

Das ist alles andere als ein Hang zur Irrationalität, wie manche Anhänger der alten Verstandeskultur meinen. »Der Verstand an sich ist nicht gestört«, erläutert Eckart Tolle in seinem Buch »Die Kraft der Gegenwart« den Unterschied. »Er ist ein wunderbares Werkzeug. Die Störung beginnt, wenn du dein Selbst in ihm suchst und ihn fälschlicherweise für das hältst, was du bist. Dann wird er zum Ego-Verstand und übernimmt die Macht über dein ganzes Leben.«

Wenn ich mich dagegen im Jetzt befinde, kann ich die Gedanken zurückweisen, die mich von meiner inneren Freiheit trennen. In diesem Zustand bin ich mir meiner selbst bewusst und spüre das Einssein mit allem. Wer aus dieser inneren Haltung heraus handelt, handelt bei klarem Verstand, ohne die Einflüsterungen des Ego. Vandana Shiva hat das erkannt, und viele andere mit ihr. Deren Energien sind bereits wirksam, sichtbar, kraftvoll. Diese Menschen spüren das Sein.

Solange Energie an die Materie gebunden ist, wird sie neutralisiert. Sie verfestigt sich, der Fluss ist unterbrochen. Schwingt sie aber frei in den Bahnen des erwachten Bewusstseins, multipliziert sie sich. Viele andere Menschen werden von ihr gereinigt und geheilt werden können. Das ist das neue Paradigma einer Energie, die eine neue Welt erschaffen wird.

6. KAPITEL

Die All-Eins-Erfahrung

*Ganzheitliches Denken ist der Schlüssel
zur Neuorientierung*

Der Begriff der Ganzheitlichkeit ist neuerdings zu einem
Schlagwort geworden. Er begegnet uns in ganz unterschiedlichen Kontexten, und immer tritt er als Indikator einer veränderten Sichtweise auf, die alte Grenzziehungen sprengt: sei es
in der ganzheitlichen Medizin, der ganzheitlichen Pädagogik
oder in der ganzheitlichen Ökonomie. Nahezu alle Bereiche
des Lebens können offenbar unter dem Blickwinkel der
Ganzheitlichkeit aufgewertet werden.

Woher rührt eigentlich die Karriere dieses Begriffs? Ist es
die tiefe Sehnsucht, eine zerrissene Welt und das zerrissene
Selbst heil und somit ganz werden zu lassen? Oder haben wir
den Wunsch, uns als Teil eines sinnvollen Ganzen zu erfahren? Beide Deutungen sind sicherlich richtig. Und doch bilden sie nur einen kleinen Teil dessen ab, was Ganzheitlichkeit
im Innersten in sich trägt: die Chance, unsere Welt neu zu definieren, naturwissenschaftlich, geistig, ethisch.

Mit der Idee der Ganzheitlichkeit können wir unser
Menschsein auf eine höhere Bewusstseinsebene transferieren.
Angesichts der massiven Probleme unserer Zivilisation bietet
nur ein holistisches Weltbild Perspektiven, die eingefahrenen
Wege zu verlassen und neue Denk- und Lebensformen zu entwickeln.

Allerdings stehen einem solchen Umdenken starke Widerstände entgegen. Unsere Alltagserfahrung ist geprägt von
Diskontinuität. Wir nehmen die Welt als ein Konglomerat von

Widersprüchen wahr, die offenbar nicht mehr aufgelöst werden können. Sie fügen sich allenfalls zu einem heterogenen Ganzen, dessen Teile jedoch jederzeit auseinanderbrechen können. Sichtbar wird das in symptomatischen Konflikten, die unsere Aufmerksamkeit fesseln. Die Unterscheidung zwischen Alter, Neuer und Dritter Welt gehört dazu, die Gegensätze zwischen Arm und Reich, zwischen Macht und Ohnmacht, Ethik und Ökonomie. Reibungsflächen entstehen, die Energien absorbieren, seien es Debatten, Machtkämpfe oder kriegerische Konflikte.

Das Denkmodell der Disparatheit bestimmt daher weitgehend unsere Weltsicht. Es ist die Signatur der Moderne, unsere gesamte Existenz in solche widersprüchlichen Schemata aufzulösen. Unvereinbar scheint zu sein, was wir sehen: ein Patchwork konkurrierender Phänomene. Wertesysteme prallen aufeinander, Meinungen, Interessen, Ideologien. Nie schien die Welt fragiler als zu Beginn des einundzwanzigsten Jahrhunderts. Die Bruchlinien liegen offen zutage, und an vielen Stellen klaffen sie bereits weit auseinander.

Diese Interpretation ist eine vergleichsweise junge Sichtweise. In der klassischen griechischen Philosophie, in den Weltreligionen östlicher Prägung und im Schamanismus der Naturvölker spricht man nicht vom Unvereinbaren, vielmehr von der Ganzheit. »Wie oben, so unten«, mit diesem Satz umschrieben ägyptische wie hellenistische Denker ihr holistisches, ganzheitliches Weltbild. Es beruht auf der Annahme, dass Mikrokosmos und Makrokosmos strukturell gleich sind und dass alles mit allem verbunden ist. Der Kosmos gleicht demzufolge einem Netzwerk, und die Kosmologen waren davon überzeugt, dass hier eine wunderbare, göttliche Harmonie erschaffen sei, die Harmonia mundi.

Die älteste überlieferte Vorstellung kosmologischer Ganzheitlichkeit ist der Schamanismus. Während dem einfachen Menschen die Zusammenhänge zwischen den Elementen des

Universums verborgen bleiben, gilt der Schamane als Träger eines höheren Bewusstseins. Es verleiht ihm magische Kräfte, deren Wirkungsweisen auf den unbedarften Betrachter wie Zauberei wirken. Schamanen heilen Kranke, besänftigen die Naturgewalten, sorgen für reiche Ernten und warnen vor Gefahren. Der Schamane jedoch zaubert nicht. Sein Geheimnis ist der direkte Kontakt zum Universum, zu seinen Wirkkräften und Gesetzmäßigkeiten.

Die Überzeugung, dass die gesamte Welt ein komplementäres Ganzes bilde, dessen Teile einander bedingen und beeinflussen, geriet im Laufe der abendländischen Geschichte zunehmend in Konflikt mit dem rationalistischen Weltbild. Dieses bediente sich methodisch der Analyse. Das Ganze wurde in seine Teile zerlegt, die für sich betrachtet und erforscht wurden, bis die Welt restlos fragmentiert war. Gleichzeitig wurde das Bewusstsein entthront und vom Verstand abgelöst. Intuition, Mystik, Ahnung, all das schien nur ein mythisches Vorspiel für den finalen Sieg des rationalen Denkens zu sein. Descartes' berühmtes Diktum »Cogito ergo sum« – ich denke, also bin ich – bringt diese Umwertung auf eine knappe Formel.

Die Philosophie, die sich seit Descartes als Wissenschaft verstand, ahmte fortan die Methodik der Naturwissenschaften nach. Sie steckte Teilbereiche ab und untersuchte Einzelphänomene, ohne Rückbezug zum Ganzen. Erkenntnistheorie, Ethik, Logik, Moralphilosophie, unverbunden standen diese Disziplinen nebeneinander. Mit dieser Vorgehensweise gewann auch der Dualismus wieder große Bedeutung, die Aufteilung der Welt in materielle und immaterielle Substanzen.

Schon Platon hatte mit seiner Lehre die Ideenwelt und die materielle Welt kontrastiert, wobei er die materielle Welt lediglich als eine blasse Kopie der Urideen beurteilte. Die Idee der Liebe etwa – die Liebe an sich, als Ideal – hatte für ihn Vorrang vor der gelebten Liebe, die immer unvollkommen bleiben müsse. Entsprechend legte er fest, dass auch Leib und Seele diesem Dualismus unterworfen seien. Der Leib, so befand der Philosoph, sei nur ein vorläufiger und unvollkommener Ausdruck der ewigen Seele.

Seine Argumentation wurde zum Ausgangspunkt für den Dualismus, wie ihn Descartes definierte, als »res cogitans« und »res extensa«, die beiden gegensätzlichen Sphären des Denkens und des Materiellen. Bis heute erliegen wir diesem Modell, wenn wir beispielsweise die Natur als unbelebte Materie betrachten oder unseren Körper als eine Maschine, die lediglich gewartet werden müsse wie ein Auto. Geistige und materielle Sphäre spalteten sich, und viele Probleme, die wir geschaffen haben, sind direkte Auswirkungen solch einer Ignoranz. Ganzheitliche Konzepte dagegen erkennen an, dass die Natur kein fernes Gegenüber ist, sondern substanziell an das Menschsein gebunden ist; und die ganzheitliche Medizin respektiert, dass Geist und Körper in einer lebendigen Wechselwirkung stehen, die bei der Behandlung von Krankheiten eine wesentliche Rolle spielt.

Auch wenn das rationale Weltbild ein wirkmächtiges Paradigma entfaltete, gab es immer wieder Interventionen. Bedeutende Philosophen wie Arthur Schopenhauer griffen den Gedanken der Ganzheitlichkeit auf, auch im Sinne der Vernunftkritik. Sein Zentralbegriff, der Wille, steht für eine energetische Kraft, die alles steuert: das Verhalten, den Trieb, die Gefühle – und auch den Verstand. Schopenhauer entzauberte den Stolz auf das Denken. Noch die komplexesten Gedankenkonstrukte, so meinte er, seien rückgekoppelt an den Willen oder, wie wir heute vielleicht sagen würden, an das Unterbewusstsein.

Entscheidend ist, dass der Wille für Schopenhauer ein universales Prinzip darstellt, das unterschiedslos für alle Bereiche des Seins gilt: »Jeder findet sich selbst als diesen Willen, in welchem das innere Wesen der Welt besteht, so wie er sich auch als das erkennende Subjekt findet, dessen Vorstellung die ganze Welt ist.« Schopenhauer schlussfolgert: »Jeder ist also in diesem doppelten Betracht die ganze Welt selbst, der Mikrokosmos, findet beide Seiten derselben ganz und vollständig in sich selbst. Und was er so als sein eigenes Wesen erkennt, dasselbe erschöpft auch das Wesen der ganzen Welt, des Makrokosmos.«

Für Schopenhauer ist unbestreitbar, dass es eine Analogie zwischen allen Lebensformen gibt. Mensch und Kosmos, Geist und Natur sind für ihn auf ein und dasselbe Seinsprinzip rückführbar. Sie zu trennen, empfindet er als willkürlich, wenn nicht irreführend. Vor allem aber macht er die wichtige Feststellung, dass Mikrokosmos und Makrokosmos keine Hierarchien kennen. Der Mensch, so seine Conclusio, erfährt und erschafft die Welt nach dem Bilde des Makrokosmos. Diesem Prinzip sei alles unterworfen: das Wachstum der Pflanze, der Jagdinstinkt des Tieres, selbst die Philosophie und die Musik bildeten den universellen Willen ab.

Darin steckt eine bahnbrechende Erkenntnis: Reines Denken existiert nicht. Wir alle sind vernetzt mit Wirkgesetzen, die das große Ganze steuern.

Schopenhauers Annahmen blieben nicht ohne Widerspruch. Besonders sein Zeitgenosse und Widersacher Hegel feindete ihn an und stellte den Geist in den Mittelpunkt seines eigenen Denkens. Auch für Hegel gibt es also ein Prinzip, das alle Erscheinungen verbindet, zusammengefasst in dem Satz: »Das Wahre ist das Ganze.« Doch er unterscheidet zwischen vorläufigen Bewusstseinsstufen des Geistes wie der Natur, in der »nur« die zyklische Wiederkehr des immer Gleichen stattfinde, und dem Selbstbewusstsein des Geistes, das prozesshaft zum Vorschein komme, in der Kunst etwa, in der Religion, am konsequentesten aber in der Philosophie.

Mit dem Prinzip der Dialektik schließlich formt Hegel ein völlig anderes Weltbild als Schopenhauer. Es speist sich aus dem ewigen Widerstreit von These und Antithese. Nur kurzzeitig könnten sie sich zur Synthese vereinigen, die dann mit einer neuen Antithese wieder hinfällig werde. Prozesshaftigkeit und Wandel bestimmten daher alles Sein. Ganzheitlichkeit oder die Übereinstimmung von Mikrokosmos und Makrokosmos haben in dieser Ausdeutung keinen Platz. Hegel denkt die Welt hierarchisch. Er kennt kein »wie oben, so unten«, sondern postuliert, dass nur »oben«, in der philosophischen Reflexion, der Geist zu sich selbst komme. Damit bewertet er das Denken als Königsdisziplin, in dem sich die übergeordnete Idee vollende.

Seine Thesen wirkten lange nach. Sie bereiteten der Vorherrschaft des rationalen Denkens, wie es Descartes exponiert hatte, weiterhin den Boden. Insofern könnte man sagen, dass unser heutiger Rationalismus hegelianisch ist – wenn wir den Verstand über das Gefühl stellen und den Geist über die Natur. Kosmologie und Theologie verwirft Hegel aus diesem Grund. Geistesgeschichtlich wurde damit auch die Trennung von Wissen und Spiritualität zementiert. Der Logozentrismus hatte in Hegel einen starken Mentor gefunden. Weder Fühlen noch Glauben hatten Platz in seinem philosophischen System.

Erneut waren es Physiker, die die Fundamente dieser Gedankengebäude erschütterten. Erstaunlich genug: Mit der Quantenphysik erlebte das holistische Weltbild eine Renaissance. Denn die wichtigste Bastion der Naturwissenschaft fiel: dass man alle Phänomene analytisch ordnen und unterscheiden könne. In quantenmechanischen Experimenten wiesen die Physiker nach, dass auf der subatomaren Ebene nicht mehr zwischen Masseteilchen und elektromagnetischen Wellen unterschieden werden konnte.

Energie und Materie sind eins – es konnte keine größere Erschütterung des mechanistischen Weltbildes geben, das auf exakten Trennungen beruhte. Die philosophischen Implikationen lagen auf der Hand. Wenn ein Welle-Teilchen-

Dualismus nicht mehr galt, war generell ein Dualismus zwischen materieller und immaterieller Welt nicht länger aufrechtzuerhalten. Erst der ganzheitliche Blick gab Aufschluss über die Bewegungsgesetze allen Seins.

Forscher wie Heisenberg, Einstein und Schrödinger brachen darüber hinaus mit der Newtonschen Vorstellung von Vorgängen, die sich streng kausal ereignen. Sie erkannten, dass der Beobachter den Ausgang eines Experiments steuert und dass es daher keine Trennung zwischen Subjekt und Objekt gebe. Beide erschaffen Wirklichkeit, beide sind beteiligt am Prozess des Wandels. Und noch etwas wurde durch die Quantenphysik evident: Es musste einen Bereich geben, aus dem alle Erscheinungen der sichtbaren Welt hervorgingen. Die Quantenphysiker nannten ihn das »vereinte Feld«. Interessant daran ist, dass in diesem Feld keine Dualität mehr besteht, sondern eine Einheit. Es ist ein gedachter Urzustand, in dem die Einheit allen Seins eingeschlossen ist.

Unübersehbar ist hier ein elementarer wissenschaftlicher Paradigmenwechsel vollzogen worden. Auch wenn sich die Details der Quantenphysik nicht jedem erschließen konnten, zogen viele Theoretiker sogleich die Verbindungslinien zu philosophischen und religiösen Denksystemen. Buddhismus, Daoismus und die meisten Naturphilosophien fußten auf genau dieser Annahme: Es musste eine übergeordnete Struktur geben: eine Matrix des reinen Seins. Charakterisiert ist diese Matrix durch ihre erschaffende Kraft, eine universale kreative Intelligenz. Sie ist das Jetzt, unabhängig davon, was aus ihr werden könnte. Oder mit anderen Worten: Sie ist ein ungeheuer reiches Potenzial der Möglichkeiten.

Vergleicht man diese Unendlichkeit von Optionen mit dem kausalen Denken, so wird rasch klar, wie eindimensional Letzteres bleiben muss. Ursache und Wirkung, Auslöser und Reaktion stellten sich noch als berechenbar und deshalb determiniert dar. Spielräume waren nicht vorgesehen, denn die exakte mathematische Berechenbarkeit schien der Beweis zu sein, dass einfach alles den Gesetzen der Mechanik unterworfen werden konnte. Die Quantenphysiker dagegen beobachteten blitzschnelle Veränderungen, bis hin zum Unerwarteten und Unberechenbaren. Wahrscheinlichkeit ersetzte die Determination. Mit Algorithmen ließ sich das nicht mehr ausdrücken.

Nun war der Weg frei für einen verblüffenden philosophischen Umbruch: Die Mathematik als Leitwissenschaft des Denkens näherte sich ihrem Ende. Es war Fritjof Capra, einer der zukunftsweisenden Vordenker der neuen Zeit, New Age genannt, der sich von diesen Erkenntnissen inspirieren ließ. Capra ist Physiker und Philosoph, er lehrte in Paris, Wien, Santa Cruz, in Berkeley/San Francisco und London. Er wandte sich explizit gegen die cartesianische Trennung von Geist und Körper und den reduktionistischen Ansatz des westlichen Denkens. Solange die Wissenschaften nur Teilbereiche anschauten, kritisierte er, solange seien ihre Erkenntnisse wertlos. Auch er griff auf die östliche Philosophie zurück und vollzog den Brückenschlag zwischen mystischer Gewissheit und avanciertester Teilchenphysik.

Zwei Extreme berührten sich scheinbar. Und doch waren es nicht Extreme, sondern wesensverwandte Deutungen. Das analytische Denken erwies sich als willkürlich und zerstörerisch. Das ganzheitliche Denken dagegen fand zurück in eine Weltsicht der Einheit und klagte weitreichende Konsequenzen für den Umgang mit der Natur und die Definition der Ökonomie ein.

Anfang der achtziger Jahre, als ich nach Kalifornien reiste, um mehr über das New Age zu erfahren, habe ich Capra selbst erlebt: Faszinierend seine kristalline Intelligenz, war er selbst das beste Beispiel für seine interdisziplinäre Systemtheorie. Als Physiker und zugleich Philosoph war es ihm möglich, Querverbindungen zu durchschauen und zu durchdringen, die im Zuge der Fragmentarisierung der Wissenschaften nicht sichtbar gewesen waren. Was mich aber vor allem in seinen Bann zog, war die Art und Weise, wie er die anstehende »Wendezeit« begriff. Im Gegensatz etwa zu Umweltschützern und anderen Aktivisten dachte er systemisch ganzheitlich, bezog also alles in seine Überlegungen ein: die Natur, den Menschen, die Politik, die Gesellschaft.

Capra wurde zur Zentralfigur einer Bewegung, die über neue Handlungsweisen nachdachte. Er begriff die Komplexität des Seienden nicht länger als Kampf der Gegensätze, er definierte sie vielmehr als dynamisches Zusammenwirken von Kräften. Es war ein völlig neues Paradigma. Für die Wirtschaft beispielsweise bedeutete das Kooperation statt Konkurrenz, für die Industrie Ressourcenschonung statt Ausbeutung. Auch gesellschaftlich ergaben sich neue Spielräume: Der Einzelne war nicht länger entkoppelt, er durfte in der Gewissheit leben, vom Ganzen umschlossen und getragen zu werden.

Der Rekurs auf die östliche Philosophie, den Capra vornahm, öffnete mir damals die Augen für Mechanismen in meiner Arbeit als Verlagsmanager. So verwies Capra auf die Relevanz des Yin und des Yang. Als einer der Ersten rief er in Erinnerung, dass damit auch die Elemente des Weiblichen und des Männlichen festgelegt waren: das erschaffende, ausgleichende weibliche und das männlich-aggressive Prinzip. Nun war ich weder Feminist noch ein Gender-Anhänger, aber es war mir schon länger der unterschiedliche Führungsstil von Frauen und Männern aufgefallen. So arbeitete ich ausgesprochen gern mit Frauen zusammen, weil sie intensiver als Männer ihr Ego reflektierten. Sie verfügten oft über bemerkenswerte Intuition und Empathie, was sie weit häufiger zu richtigen Entscheidungen leitete. Ihr Geheimnis, das wurde mir während Capras Vorträgen schlagartig klar, war eine Haltung, geprägt von Ganzheitlichkeit.

Frauen berücksichtigen die Gefühle ihrer Mitarbeiter, weil sie spüren, dass diese zum Motor der Motivation werden. Wer sich ernst genommen weiß, wird immer innovativer sein, als derjenige, der sich zum Befehlsempfänger degradiert sieht. Die weiblichen Manager verdrängen nicht Talente, weil sie sich von ihnen bedroht fühlen, sondern stellen Synergien her. Insofern sah ich mich in meinen Beobachtungen bestätigt, als Capra forderte, das Yin-Prinzip zu stärken. Seine Vision einer »rising culture« war eng damit verknüpft. Es waren wichtige Anstöße, die Capra mir damals für meine berufliche Arbeit gab.

Was aber ist von Capras revolutionärem Denken in den Mainstream eingeflossen? Noch scheint es eher wenig zu sein. Es liegt allerdings in der Natur epochaler Paradigmenwechsel, dass das Neue nur langsam an die Oberfläche des kollektiven Bewusstseins dringt. Noch bestimmt das kausale Denken das Handeln der Entscheider. Noch schreitet die Ausbeutung der Natur voran, noch ist die Ökonomie dominiert von Konkurrenz und Verdrängung. Doch die Verfechter eines ganzheitlichen Weltbildes erheben immer häufiger und immer lauter ihre Stimme. Sie wissen: Was in der Quantenphysik als »vereinigtes Feld« bestimmt wurde, die Einheit allen Seins, aus dem eine Fülle der Möglichkeiten erwächst, ist die einzige Alternative, die wir haben.

Übertragen auf unsere Wirklichkeit bedeutet das: Solange ich dem rationalen Denken den Vorzug gebe, kappe ich die Vielfalt der Optionen und reduziere sie auf einige wenige. Ich setze willkürlich Prioritäten und verkenne, welche Potenziale ich damit ausblende. Denn jede nicht ganzheitliche Entscheidung, die ich zum Movens meines Handelns mache, lässt mich in kausale Strukturen zurückfallen. Anders formuliert: Im All-Eins-Sein setze ich mich in das Zentrum meiner Entscheidungsfreiheit und wähle aus der unendlichen Vielfalt an Möglichkeiten aus, um die Gegenwart zu transformieren.

Bislang erschien Wachstum unbegrenzt steigerbar mit immer gleichen Mitteln: Kapazitäten erhöhen, neue Märkte erobern, Mitbewerber verdrängen. Es war eine Logik, die sich zunächst bezahlt machte und globale Konzernstrukturen schuf, in denen nach dem immer gleichen Motto verfahren wird: Wachstum um jeden Preis.

Was eine Weile funktionieren mag, gerät jedoch zwangsläufig an Grenzen. Denkt man sich die Welt als Einheit, kann es kein Wachstum geben, das nicht an einer anderen Stelle einen Mangel erzeugt. All-Eins-Sein ist eine zyklische Idee. Sie ist nicht möglich ohne die Erkenntnis einer ewigen Balance von Geburt und Tod, von Aufblühen und Absterben. Holistisch interpretiert, kann es hypertrophes Wachstum nicht geben. Die Summe bleibt immer gleich. Wer Ackerböden dauerhaft ausbeutet, laugt sie aus. Wer Kapital anhäuft, entzieht es anderen. Wer Macht beansprucht, verurteilt andere zur Ohnmacht.

Ein einfaches Fallbeispiel mag das belegen: Der internationale Fischfang war jahrzehntelang ein expandierender Wirtschaftszweig. Die Fangmethoden wurden effektiver, die Netze und die Schiffe größer, der Umsatz erhöhte sich. Heute sind die Meere überfischt, der Fischbestand kann sich nicht mehr erholen und der Einsatz von Dynamit zur Steigerung der Fangquoten zerstört die Brutstätten. Da das natürliche Wachstum stark reduziert ist, entstehen mittlerweile immer mehr Zuchtfarmen in den Meeren, wo Fische mit denaturierter Nahrung und Medikamenten industriell »produziert« werden. Quantitativ handelt es sich möglicherweise immer noch um Wachstum, qualitativ aber haben wir es heute mit verödeten Meeren und künstlich erzeugtem Fischfleisch zu tun. Das heißt: Wachstum kann es nur punktuell geben, während an anderer Stelle etwas weggenommen, eingeschränkt, zerstört wird.

Ein ganzheitlicher Blick könnte ein völlig anderes Handlungsmuster nach sich ziehen. Der Mensch würde sich nicht mehr als selbstherrliches Subjekt definieren, das sich nach

Belieben die Welt zum Objekt macht. Er würde begreifen, dass die Ausbeutung der Ressource Fisch nur Bilanzen wachsen lässt. Und er würde darüber nachdenken, dass jeder aggressive Eingriff in das große Ganze auch ihn selbst trifft, da der Dualismus von Subjekt und Objekt nichts weiter ist als ein rationales Gedankenkonstrukt. Er würde achtsam mit den Dingen umgehen, mit der Natur, mit den Menschen und mit sich selbst.

In dem Moment, in dem ein ganzheitliches, vernetztes Weltbild an die Stelle des Newtonschen tritt, kann Wachstum auf Kosten von Zerstörung nicht mehr die Priorität sein. Das reine Denken wird weder weiteres Wachstum bringen noch Probleme lösen, ohne viele neue Probleme entstehen zu lassen. Echte Problemlösungen erfolgen nur, wenn es gelingt, auf eine neue Stufe der Entwicklung zu kommen, um die Wirklichkeit dramatisch zu verändern.

Solche kompromisslosen, plötzlichen Änderungen entspringen der Stille. Oder, um das Denkbild Heisenbergs aufzugreifen, sie entstehen dann, wenn das gesamte Potenzial des »vereinten Feldes« zugänglich ist. Kausales Denken ist das Gegenteil des schöpferischen vereinten Feldes, in dem die Einheit des Seins unzählbaren Möglichkeiten Raum gewährt. Wie aber können wir mit diesem Feld Kontakt aufnehmen? Wie schaffen wir es, jenseits des Denkens unser Bewusstsein erwachen zu lassen?

Um diesem Bewusstseinsprozess auf die Spur zu kommen, müssen wir uns zunächst mit der Natur des Verstandes befassen. Wenn der Mensch denkt, so kann er gar nicht anders, als sich in der Vergangenheit oder in der Zukunft zu bewegen. Er bedient sich seiner Erfahrungen und extrapoliert aus ihnen das, was in der Zukunft geschehen könnte. Der denkende Mensch ist ein Gefangener im engen Raum seiner erlernten Kausalitäten. Überschreiten kann er sie nicht, systemsprengende Eingebungen bleiben ihm verwehrt.

Etwas völlig anderes geschieht, wenn man sich durch Meditation vom reinen Denken befreit. Den Moment, den unwiederholbaren Augenblick, kann man nicht denken, man kann ihn nur spüren. Die Gegenwart entfaltet sich als unendlicher Raum, in dem alles möglich wird. Wer meditiert, ist eins mit dem Universum. Er ist verbunden mit den Kräften und der Unendlichkeit des Kosmos. Genau darum geht es beim ganzheitlichen Bewusstsein – bei der All-Eins-Erfahrung. Und genau das fällt uns äußerst schwer in einer vernunftbestimmten Welt.

Meiner festen Überzeugung nach ist die Einheitserfahrung im Jetzt der mit Abstand innovativste Impuls des neuen Bewusstseins. Denn wer die Fähigkeit besitzt, sich ganz dem Moment hinzugeben, macht eine befreiende Entdeckung: Er braucht nichts, er ist unverletzlich und unverwundbar. Durch meine jahrzehntelange Übung in der Kunst der Meditation habe ich diesen glückhaften Zustand erfahren. Alle Ängste verfliegen, alles Hadern, alles furchtsame Räsonieren, was in der Vergangenheit misslang und wie man in der Zukunft scheitern könnte, löst sich auf.

Zwänge werden abgeworfen – und immense Energien werden frei. Neue Optionen geraten in den Blick, das Unvorstellbare nimmt Gestalt an. Dies ist der Ausgangspunkt für weitreichende Veränderungen. Die bisherige Existenz, ihre Gesetze, ihre Regeln, verflüssigen sich, und Visionen aller Art fluten das erwachende Bewusstsein. Man ist bereit zur Transgression, bereit, sein gesamtes Leben zu verändern.

Wer jemals meditiert hat, weiß allerdings auch, wie schwierig es ist, den Verstand ruhig zu stellen. Das hat einen elementaren Grund: Wir tragen die Gedanken und die Geschichte ganzer Generationen in uns. Wie ein Fingerabdruck sind sie unseren Genen eingeprägt und beeinflussen unser Energiefeld. Die neuere psychologische Forschung widmet sich zurzeit intensiv solchen Prägungen. Speziell in Deutschland vererben sich die Erfahrungen von Gewalt und Krieg über mehrere Generationen fort, traumatische Erlebnisse, die tief sitzende Ängste erzeugen und das Bewusstsein fesseln.

Es wird ein langwieriger Prozess sein, diese Erfahrungen zu transformieren. Wer durch Meditation in sich hineinspürt, wird unweigerlich einen Transferraum betreten, angefüllt mit aggressiven Energien, Belastungen und Schmerzen. Davor sollte man nicht zurückschrecken. Es kann gelingen, negative Gefühle aufzulösen und sie zu einer Offenheit hin zu transformieren, in der alles strahlt und in der alles mit allem verbunden ist. Der Kontrast zwischen zerstörerischen und erschaffenden Kräften verwischt, neue Erfahrungswelten strömen in das Bewusstsein.

Die Schamanen der Naturvölker wissen um diese Dinge. Sie spüren, dass der Mensch nicht einsam und verlassen in einer bedrohlichen Wirklichkeit ausharren muss, sondern dass er im Ganzen des Universums aufgehoben ist, wenn er Kontakt aufnimmt. Es ist an der Zeit, dass wir den rational behaupteten Dualismus überwinden, die Trennung zwischen Leib und Seele, Körper und Bewusstsein, Geist und Kosmos. Und damit auch die Trennung von Denken und Fühlen, Handeln und Wertbewusstsein, Ökologie und Ökonomie – um nur ein paar substanzielle Gegensätze zu nennen, die unsere Welt aus der Balance gebracht haben.

Ganzheitlichkeit ist kein esoterischer Wunschzustand. Ganzheitlichkeit ist eine Realität. Oder, konsequenter gesagt: Das Universum selbst ist Bewusstsein. Schon Albert Einstein konzedierte dies, als er sagte: »Gott würfelt nicht.« So liegt nahe zu fragen, ob das Universum gleichsam eingreift, wenn sich die Krisen auf der Erde zuspitzen. Denn wenn das Universum gleichbedeutend mit Bewusstsein ist, muss es in der Lage sein, mit dem Bewusstsein der Menschen zu kommunizieren, es zu erwecken und zu transformieren. Wie aber geschieht das konkret?

Der Autor Jeffrey Armstrong hat darauf eine ebenso einleuchtende wie ungewöhnliche Antwort. Er bringt Avatare ins
Spiel, geheimnisvolle Menschen, die wie aus dem Nichts auf-
tauchen und mit einer Weisheit beeindrucken, die nicht von
dieser Welt zu sein scheint. Ihr Denken und Handeln steht
diametral zu allem, was dem Common Sense entspricht.

Das Wort Avatar hat seine etymologische Wurzel im Sans-
krit und bedeutet »Abstieg«. Im Hinduismus wird es verwendet, wenn ein Gott sich in einem Menschen inkarniert und auf
diese Weise zur Erde »herabsteigt«. Der Avatar entscheidet
sich bewusst für ein irdisches Leben. Sein Ziel ist es, die Erde
und ihre Menschen zu heilen. Avatare kennen die tiefe Verbundenheit aller Lebewesen. Die indigene Kultur Indiens schreibt
ihnen das Wissen um das Energienetz der Göttin Gaia zu, das
alles Lebendige miteinander verbindet und heiligt.

Im Spielfilm »Avatar« war es versinnbildlicht im energetisch durchpulsten Wurzelsystem der Pflanzen: Wer einen
Baum berührt, ist angeschlossen an heilende und harmonisie-
rende Kräfte, und er beginnt zu leuchten. Wohl niemand im
Kinosaal konnte sich der Suggestion dieses Bildes entziehen,
denn es gab selbst dem größten Skeptiker eine Ahnung davon,
was Ganzheitlichkeit bedeutet: Austausch, Kraft, Glück des
Einsseins mit allem.

Die Legende von den Avataren ist eine jahrtausendealte
Vorstellung, die sich als transzendentes Wissen bis heute erhalten hat. In der hinduistischen Gedankenwelt bezieht sich
das Erscheinen der Avatare vor allem auf den Gott Vishnu,
der regelmäßig Menschengestalt annimmt und die Geschicke
auf der Erde in die Hand nimmt. In einem weiteren Sinne
werden Avatare als direkte Abkömmlinge des Universums aufgefasst, ganz gleich, ob man es mit einer monotheistischen
Gottheit gleichsetzt oder mit einem universellen Bewusstsein.
Die historischen Avatare der indischen Kultur bilden dabei
die Brücke zwischen Universum und materieller Welt. Sie for-

dern uns auf, diese Brücke zu betreten und zu unserem göttlichen Selbst zu finden, zu unserer ureigenen Bestimmung.

Was Avatare von Weisen, Schamanen oder Yogis unterscheidet, ist die Dynamik und Entschlossenheit ihres Handelns. Sie haben eine Botschaft, und sie tun alles dafür, um durch sie Positives zu bewirken. Das passiert äußerst sichtbar. Auf eine nahezu magische Art und Weise können sie die Massen für sich einnehmen und deren Bewusstsein verändern. Oft lösen sie große spirituelle Bewegungen aus, auch wenn sie keine weltliche Macht besitzen. Nicht von ungefähr werden deshalb Religionsstifter wie Jesus Christus oder Buddha in dieser Interpretation als Avatare aufgefasst.

In der Tat erscheint es immer noch rätselhaft, wie sich ein einfacher Zimmermann und ein bescheidener Bettelmönch mit ihren zunächst unpopulären Ideen durchsetzen und die Massen faszinieren konnten. Weder Jesus noch Buddha verfügten über moderne Kommunikationsmittel. Sie taten nichts anders, als ihre Überzeugungen zu verbreiten, auf Marktplätzen, in der Natur, überall dort, wo sich Menschen versammelten. Ihr Aufstieg zu Heilsfiguren gleicht einem Wunder. Sie brachten Hoffnung in eine Welt, die von Kampf und Materialismus dominiert war. Als Avatare – wenn man sie so bezeichnen möchte – befanden sie sich zweifellos im permanenten Austausch mit etwas Höherem, das ihre Energie vervielfältigte.

Manche Forscher glauben, dass auch exponierte Politiker wie Mahatma Gandhi Avatare gewesen seien. Immerhin kann man zugestehen, dass Gandhi sich auf bemerkenswert erfolgreiche Weise gegen Unwissenheit, Ideologien und materielle Ideen wandte. Man hat versucht, seine Wirkmacht mit Charisma zu erklären, doch es bleiben Zweifel, wie es ihm durch reine Ausstrahlung und Überzeugungskraft gelingen konnte, den gesamten indischen Subkontinent mit seiner pazifistischen Botschaft zu begeistern. Seine Botschaft der Gewaltlosigkeit widersprach dem politischen Mainstream. Dennoch schlossen sich ihm Millionen von Menschen an und verehrten ihn wie einen Heiligen.

Avatare werden vom Universum geschickt, meint Jeffrey Armstrong. Er ist Gründer der Vedic Academy of Sciences & Arts und ein visionärer spiritueller Lehrer. Das war nicht immer so. Einst arbeitete er als führender Topmanager im Silicon Valley, bis er auf dem Höhepunkt seiner Karriere kündigte. Er wollte sein Leben ganzheitlich ausrichten und erforscht seitdem besonders die indische Philosophie. So stieß er auf das Geheimnis der Avatare. Über zehn Jahre hat er sich mit dem Phänomen beschäftigt und eine entscheidende Charakterisierung vorgenommen: Avatare haben laut Armstrong die Aufgabe, uns erkennen zu lassen, was jedes einzelne Lebewesen und alle Lebewesen untereinander im Innersten zusammenhält: ihre unzerstörbare göttliche Essenz. Der Avatar, so Armstrong, stellt die Frage: »Besteht der Sinn des Lebens darin, die Materie zu verändern, oder besteht er darin, sich selbst zu verändern?«

Es spielt keine Rolle, ob man sich dieser Deutung anschließt, oder ob man die Theorie der Avatare als reine Spekulation betrachtet. Fest steht, dass immer wieder Figuren die Bühne der Geschichte betreten, die erfolgreich zur Umkehr mahnen. Sie überschreiten ihre Herkunft und ihren Lebensraum und leiten einen Bewusstseinswandel ein, der zuvor nicht möglich schien. Ihre spirituelle Energie ist nicht mit dem Verstand zu erklären, denn mit der Ratio betrachtet würde die Durchsetzungsfähigkeit des Mainstreams jeden innovativen Impuls unterdrücken. Offenbar partizipieren sie an einer höheren Intelligenz. Sie ist nicht sichtbar, aber stets präsent und sucht sich Träger ihres höheren Bewusstseins, wenn die Erde in Dunkelheit zu versinken droht.

Nicht zufällig bediente sich Regisseur James Cameron in seinem Erfolgsfilm der uralten Begrifflichkeit der Avatare. Kunstvoll spielt er mit einer Bedeutungsverschiebung. Avatare bezeichnen heute meist Figuren in Computerspielen, die der Spieler mit seiner eigenen Identität auflädt. Ein Avatar ist quasi ein virtueller Doppelgänger, ausgestattet mit unermesslichen Fähigkeiten, die ein Mensch niemals erlangen könnte.

In der Handlung des Films fügt Cameron die spirituelle Ebene hinzu: Jake Sully, der US-Soldat, der auf Kampf und Unterwerfung konditioniert ist, entdeckt den besseren Menschen in sich und beginnt, positiv zu handeln. Damit gibt er den Geschehnissen die entscheidende Wende, jenseits dessen, woher er kommt und wofür er ausgebildet wurde. Sully ist also zunächst nur im technischen Sinne ein Avatar, dann wird er es auch im spirituellen Sinne: als Künder und tragende Figur eines avantgardistischen Bewusstseinswandels. Das macht ohne Frage einen großen Teil der Anziehungskraft dieses Filmepos aus.

Avatare wirken wie Katalysatoren. Sie machen uns bewusst, dass wir die Wahl haben: Wollen wir füreinander oder gegeneinander sein? Begegnen wir einander mit Respekt, Mitgefühl und Liebe, oder wollen wir uns weiterhin von dunklen Energien beherrschen lassen? Entscheiden wir uns dafür, eins mit allem Sein zu leben, oder finden wir uns damit ab, dass wir entwurzelt und machtlos sind?

Es spricht vieles dafür, dass das Universum uns jetzt, für die Zeit des Umbruchs, Avatare entsendet, Warner, Mahner und Heilsbringer, die uns aus unserer Lethargie aufrütteln. Ob einer wie Barack Obama in diese Kategorie fällt, sei dahingestellt. Immerhin: Zumindest für eine gewisse Zeit konnte er die Menschen mitreißen und einen Wandel propagieren. Mittlerweile scheint er sich mehr und mehr in den Fallstricken der politischen Strukturen zu verfangen, und man wird sehen, ob ihm noch genug Zeit bleibt, das Ruder herumzureißen. Seine Rolle bei der Aufarbeitung der Finanzkrise könnte immerhin ein Anzeichen dafür sein: Eine halbe Milliarde Dollar Strafe musste die Bank Goldman Sachs zahlen, weil sie faule Kredite in Umlauf brachte. Nun kommt es darauf an, dass Obama seine Strahlkraft behält, auch in den Untiefen der politischen Wirklichkeit.

Man muss nicht so weit gehen, Avatare für die einzigen und letzten Hoffnungsträger zu halten. So sehr wir Lichtgestalten brauchen, um das Dunkel aufzuhellen, so kann auch jeder Einzelne damit beginnen, sein Bewusstsein zu befreien und am allgemeinen Bewusstseinswandel mitzuwirken. Wir Menschen sind geschaffen dafür. Das bewies die Quantenphysik, als sie den Dualismus von Geist und Materie überwand. Das belegen Forscher wie Sheldrake, die von einem globalen Gedächtnisspeicher ausgehen, an dem jeder partizipieren kann. Auch der Physiker Burkhard Heim argumentiert in diese Richtung, wenn er von einem »Hyperraum« spricht, in dem Informationen gespeichert werden.

Wir sind das Ganze. Wir sind Bewusstsein. Wir sind die göttliche Essenz. Unser Bewusstsein mag noch gefesselt sein, doch jeder, der entschlossen ist, es erwachen zu lassen, wird staunen über seine intuitiven Kräfte. Der Mensch ist seinem Wesen nach eben nicht getrennt in Geist und Körper, er befindet sich vielmehr durch jede Zelle im Austausch mit dem Kosmos. Das ist seine göttliche Dimension.

Was aber meinen wir überhaupt mit dem Göttlichen? Der Quantenphysiker Michael König hat im Rahmen seiner Forschung eine Erklärung gefunden, die ihn zurzeit an die Spitze seiner Zunft setzt. Er erklärt, dass Gott die Quelle aller Energie und Materie im Universum sei.

Was seine These so bestechend macht, ist die Tatsache, dass König alles andere als ein tiefgläubiger Mensch ist. Seine Theorien und Hypothesen entwickelte er anhand seiner quantenphysikalischen Untersuchungen. So kam er zu seinem Theorem des göttlichen Urworts, das er im Juni 2010 erstmals an der Technischen Universität Braunschweig vorstellte. Seine Ausführungen stoßen auch in der Fachwelt auf große Aufmerksamkeit und werden dort diskutiert. König erweitert die spirituellen Konsequenzen der Quantenphysik, wohl wissend, dass er sich damit gegen jede herrschende Lehrmeinung, gegen die »Mainstream-Physik« stellt. Nach seiner Beobachtung ist es möglich, durch die Quantenphysik die Physik selbst neu zu definieren, weit über Einstein und auch über Hawking hinaus: So existieren Hyperräume, in denen Informationen abgespeichert werden, auf ewig. Ihr Medium aber, und das ist völlig neu, ist das Licht.

Schon länger weiß man, dass Zellen Licht speichern können. Und nicht nur das: Sie senden auch Licht aus. Diese sogenannten Biophotonen wurden als Lichtquanten biologischer Herkunft erkannt. Sie sind also keine Biolumineszenz, wie sie etwa bei Glühwürmchen aufgrund von Stoffwechselprozessen vorliegt, sondern eine Strahlung, die direkt aus den Zellen kommt. Bereits vor fast neunzig Jahren hatte der russische Biophysiker Alexander Gurwitsch eine schwache Strahlung lebender Zellen entdeckt.

Der Biophysiker Fritz-Albert Popp gehört heute zu den Pionieren der Biophotonenforschung. Er untersucht vor allem Gewebeanomalien, die bei Tumorerkrankungen vorliegen, und konnte belegen, dass dort eine gestörte Biophotonenemission vorliegt. Dieses Prinzip findet bereits Anwendung bei der Diagnostik von Hautkrebs. Popps Ansatz ist ganzheitlich, denn sein Forschungsziel ist es, alle Lebensvorgänge und ihre Harmonisierung zu ergründen. Daher betrachtet er auch die Qualität von Lebensmitteln unter diesem Aspekt und widmet sich darüber hinaus den Wechselwirkungen von Biophotonen und Bewusstsein.

König nun denkt in dieser Richtung weiter und kommt zu dem Ergebnis, dass Licht der eigentliche Schöpfungsakt ist. Damit gibt er dem Satz aus der biblischen Genesis eine naturwissenschaftliche Basis: »Es werde Licht«, ist das erschaffende göttliche Prinzip. Verknüpft mit der Bewusstseinstheorie

Popps lässt sich daraus schließen, dass Geist und Gedächtnis wesentlich durch Licht respektive elektromagnetische Energie bestimmt werden. Das Bewusstsein besteht dementsprechend aus gespeichertem Licht, was auf der Zellebene zweifelsfrei bewiesen ist.

Die Pointe: Alle Informationen bleiben ewig als Lichtteilchen erhalten, bleiben präsent, auch solche Informationen, die der Verstand als sinnlos oder als nicht kompatibel mit allgemeinen Urteilen aussortieren würde. Da nun Licht auf der Erde allein der kosmischen Strahlung zu verdanken ist, lässt sich folgern, dass unser Bewusstsein unmittelbar mit dem Kosmos verbunden ist.

Für mich gehört Königs Theorie zum Aufregendsten, was aus der Wissenschaft, insbesondere den Naturwissenschaften in die Klärung philosophischer Fragen eingeflossen ist. Was ist der Mensch? Was ist Bewusstsein? Noch nie wurden kosmologische und damit All-Eins-Erfahrungen derart schlüssig in unsere Sicht auf das Menschenbild übertragen. Plötzlich wird erklärbar, warum immer mehr Menschen eine Transformation ihres Bewusstseins erleben. Und es wird deutlich, warum neuerdings alte Strukturen ins Wanken geraten, von verfestigten Denkbildern bis hin zum Finanzsystem.

Noch sind die neuen Strukturen nicht erkennbar, doch sie kündigen sich schon an. Und eines scheint klar: Wir haben kosmische Unterstützung für das Projekt der geistigen Transformation und der inneren Reinigung. Bestätigt von den Modellen der Physik, können wir zu spirituellen, verantwortungsvollen Menschen reifen. Das ist unsere innerste Bestimmung, im Einklang mit dem neuen Paradigma der Ganzheitlichkeit.

Während ich der Fülle der Ganzheitlichkeit nachspürte, wurde mir bewusst, dass es immer mehr Menschen gibt, die ähnlich denken und die die gleichen Schlüsse ziehen. Auf eine energetische Weise sind wir miteinander verknüpft, und alle haben wir viel zu geben und viel zu empfangen. Wir sind komplementär ausgerichtet – keine vereinzelte, vereinsamte Individuen, deren Energien folgenlos bleiben. Allerdings sollte sich auch jeder fragen, was er zum großen Ganzen beitragen kann und welche Gaben ihm geschenkt wurden, die er der Allgemeinheit und ihrem positiven Wandlungsprozess zur Verfügung stellen kann.

Heute weiß ich, dass ich meine Berufung gefunden habe. Das betrifft nicht nur meine Arbeit als Verleger. Es war und ist mir ein inneres Bedürfnis, den unausweichlichen Bewusstseinswandel in einem eigenen Buch zusammenzufassen und zu verstärken. Mir geht es nicht um die Präsenz auf irgendwelchen Bestsellerlisten oder Büchertischen. Vielmehr möchte ich Anstöße zur Veränderung geben, für einen positiven Bewusstseinswandel, der in eine neue geistige Energie münden möge.

Kürzlich war ich in Los Angeles wegen eines Projektes. »Discover the Gift«, so der Titel, ist ein Dokumentarfilm von Demian Lichtenstein, einem der renommiertesten Regisseure Hollywoods. Parallel wird ein Buch gleichen Titels erscheinen. Hier geht es darum, zu entdecken, welche Gabe jeder von uns bekommen hat, so unverwechselbar wie ein Fingerabdruck. Dieses Projekt hatte mich vom ersten Moment an gepackt, und spontan beschloss ich, die Rechte zu erwerben und eine deutsche Fassung unter dem Titel »Die Gabe« zu veröffentlichen.

Wohl jeder, der sich fragt, welche individuelle Gabe ihm eigen ist, stutzt zunächst einmal. Man muss erst eine Weile in sich gehen, bevor sich die Frage beantworten lässt. Oft ist die Gabe überlagert von Berufen, die man im Laufe seiner Biografie irgendwann einmal ergriffen hatte, von fremdbestimmten Selbstbildern und Erwartungen. Bekanntlich sind Beruf und Berufung nicht immer dasselbe. In vielen Menschen schlummern besondere Fähigkeiten, ohne dass sie diese jemals genutzt oder angewandt hätten. Daher ist es von größter

Bedeutung, sich von allem zu befreien und in einen imaginären Spiegel zu schauen, um diese Fragen zu beantworten: Was unterscheidet mich von anderen? Welche Talente habe ich in mir?

Das herauszufinden erfordert größte Ehrlichkeit und Wahrhaftigkeit. Wer aber spürt, was er in seinem Innersten trägt, hat einen großen Bewusstseinsschritt bewältigt. Ein zweiter wird folgen müssen. Denn eine Gabe ist ein kostbares Geschenk des Universums, und es ist unsere Aufgabe, dass wir sie zulassen, ausleben und weitergeben. Gut möglich, dass wir uns auch zunächst verirren.

So entdeckte ich mit Ende dreißig meinen Zugang zur Spiritualität – und wollte spontan aussteigen, nahm Urlaub und ging nach München, um Heilpraktiker zu werden.

Eine Woche verbrachte ich in einer einschlägigen Schule und hörte Vorlesungen über Kräuter und Homöopathie, bis ich feststellte, dass dies nicht meine Berufung war. Eher zufällig wurde ich kurze Zeit später Teilhaber des Verlags Gräfe und Unzer, wo ich sogleich mein neu erworbenes Wissen umsetzte. Es erschienen Bücher über Reiki, Meditation und Tai-Chi, lange, bevor diese Themen ein großes Publikum eroberten.

Es war ein Anfang, mehr nicht. Denn erst viele Jahre später, als ich meinen Pendo Verlag verkaufte, konnte ich wirklich loslassen – ohne die Angst, mich selbst zu verlieren. Mittlerweile war ich ein Anderer geworden, oder, genauer gesagt: Ich hatte entdeckt, dass einzig und allein mein Bewusstsein die Essenz meines Ichs ist – also weder meine Herkunft, meine Erziehung, mein Beruf noch die Dogmen und Gedanken, die mich beherrschten. Davor hatte ich mich mit allen möglichen Vorstellungen identifiziert, die nicht zu mir gehörten, die ich aber für mein Selbst gehalten hatte. Nun, da mein Ego-Ich dem spirituellen Ich Platz machte, konnte ich mit Freuden alle Verbindungen lösen, die mich noch von einem selbstbestimmten Leben trennten, und mich meiner Gabe widmen.

Eine große Hilfe war mir eine intensive Yoga-Übung, die jede Angst vor Verlusten auflöst. Sie klingt einfach und gehört doch zu den faszinierendsten Erfahrungen, die man beim Yoga machen kann. Man sitzt in entspannter Haltung, atmet tief ein, bis unter die Haarwurzeln, atmet dann ganz lange und ganz tief aus – bis weit über den Punkt hinaus, den man sich zutraut. Während des Ausatmens denkt man oft: Jetzt bin ich leer. Doch die völlige Leere ist noch lange nicht erreicht, man kann noch weiter ausatmen, bis wirklich der absolute Nullpunkt eingetreten ist.

Das ist der Moment, in dem keine Luft mehr in den Lungen übrig ist. Alles Leben scheint erloschen. Die Übung besteht nun darin, genau diesen Punkt zu halten, solange es irgend auszuhalten ist, eine Zehntelsekunde, ein paar Sekunden, zwanzig Sekunden vielleicht. Es kommt darauf an, den Atem nicht bewusst wieder einströmen zu lassen, sondern den Nullpunkt auszuhalten und zu warten, was geschieht. Völlige Konzentration ist erforderlich, achtsam muss man sein und dennoch loslassen. Und dann noch länger warten, bis zum Vakuum.

Wer diesen Nullpunkt einmal erlebt hat, ist dem Tod begegnet, vielleicht zum ersten Mal der Konfrontation mit der Frage, ob das Leben zurückkehrt oder nicht. Und dann geschieht es: Der Atem strömt wieder ein, ohne dass der Verstand beteiligt ist – ein unglaublich kraftvolles Einatmen, das denjenigen, der diese Übung absolviert, ganz hoch steigen lässt.

Verluste sind immer kleine Tode. Doch sie leiten auch wunderbare Veränderungen ein, das erlebte ich, als ich schließlich so konsequent loslassen konnte wie nie zuvor. Ich ließ nicht nur das traditionelle Verlagswesen hinter mir, gleichzeitig wurden meine materiellen Ansprüche immer kleiner. Vor allem aber streifte ich das Konvolut des erlernten Wissens ab, das ich jahrzehntelang mit mir herumgeschleppt hatte. All die Regeln und Gesetze des Marktes, all die Informationen, zu denen ich Zugang hatte und die doch nur Treibgut des Mainstreams waren.

Je häufiger ich die beschriebene Yoga-Übung absolvierte, desto leichter fiel es mir, eine weitere neue Erfahrung zu verinnerlichen: im Jetzt zu sein. Ich konnte den Moment wertschätzen, die Stille, das Gefühl, mich mit jedem Funken Energie der Erde im Einklang zu wissen. Damit setzte etwas ein, wonach ich lange vergeblich gesucht hatte: Zufriedenheit. Dieses kostbare Gut ist die vielleicht rarste Ressource unserer heutigen Gesellschaft. Denn nahezu jeder erscheint rastlos und unzufrieden mit sich und der Welt. Ein tiefes Unbehagen hat unsere Kultur erfasst, das unaufhörlich besänftigt werden muss: durch Konsum, durch mediale Ablenkung, durch Reisen und andere Freizeitbeschäftigungen.

Die Aborigines sagen: »Arm ist der, der zu Lebzeiten seine Gabe nicht erkennt.« Wer aber die Gabe in sich gefunden hat, muss sich nicht mehr ablenken; er hat zugleich sein inneres Zentrum gefunden. Das allerdings kann zu dramatischen Umbrüchen führen, die zunächst einmal Angst machen: Wird die Gabe stark genug sein, um weiterhin die materielle Existenz zu sichern? Wird sie von anderen geschätzt und angenommen werden? Solche Sorgen sind meiner Erfahrung nach unbegründet. Das Gesetz der Resonanz ist auf der Seite desjenigen, der sich zu seiner Gabe bekennt. Er wird alles zurückbekommen, was er gibt. Und je mehr er gibt, desto mehr wird ihm geschenkt. »Gabe« kommt von »geben«; etwas wird gegeben, um es weiterzugeben. Und dafür kommt nur das Beste, das Einzigartige infrage, das ein Mensch besitzt.

Im Laufe der vergangenen Monate habe ich viele Freunde und Bekannte mit der Frage nach ihrer Gabe konfrontiert. Sie alle kamen zunächst ins Grübeln. Und ihre Antworten waren nicht selten verblüffend. Eine gute Bekannte, eine herausragende Intellektuelle, die mit einigen Büchern Furore gemacht hat, meinte: »Meine eigentliche Gabe ist es, Menschen mit meiner Musik zu erfreuen. Das ist es, was mich am glücklichsten macht.« Ich war verwirrt. Zwar wusste ich, dass sie ein Instrument spielte und zuweilen Hauskonzerte gab, doch ich hatte das eher für ein kunstsinniges Hobby einer Frau gehalten, die sich sonst eher der Sprache und dem Denken widmet. Ihre Gabe sei die Musik? Ja, bekräftigte sie, das sei ihr viel wichtiger als kluge Bücher und Anerkennung. Sie hatte Tränen in den Augen. Offenbar war ihr nie bewusst gewesen, dass sie weit mehr Entscheidungsfreiheit besaß, als sie sich zugestand. Vielleicht ahnte sie, dass unser Gespräch ihr Leben verändern würde.

Aus eigener Erfahrung weiß ich, wie glücklich es macht, wenn man seine Gabe zum Zentrum allen Handelns bestimmt. Ich spüre es, wenn ich gelegentlich Vorträge halte, in denen das Publikum voller Konzentration meinen Visionen zuhört. Ich spüre es auch in Vieraugengesprächen, wenn ich um Rat gebeten werde. Dann bin ich ganz in mir, und gleichzeitig erkenne ich mein Gegenüber in seinem Wesenskern. So kann ich ihn in großer Reinheit und Demut abholen, ihm zur Seite stehen, damit er seinen Weg findet, und ihn stärken.

Ich habe eine Vision: Wenn immer mehr Menschen ihre erschaffenden Potenziale nutzen, so werden sich ihre Energien wechselseitig verstärken, bis hin zu einer globalen Bewegung. Denn eine spirituelle und geistige Erneuerung, selbst wenn sie zunächst nur wenige erfasst, erhöht die Schwingung des kollektiven Bewusstseins. Seit ich zum ersten Mal in Berührung mit den Gedanken von »Discover the Gift« kam, fragte ich mich jeden Tag aufs Neue, worin meine besondere Fähigkeit bestehe.

Allmählich kristallisierte sie sich heraus: Meine Gabe ist es, Menschen einen Spiegel vorzuhalten, sie auf ihrem Weg zu begleiten und sie bei ihrer Heilung zu unterstützen. Es geht dabei ausschließlich um die Bedürfnisse der anderen. Mich selbst sehe ich als einen Mentor im Dienste der anderen, als Unterstützer und Förderer, getrieben von meiner ganzheitlichen Vision. Dabei weiß ich, dass es sich um ein lebenslanges Lernen und Wachsen handelt; für diesen Weg fühle ich mich berufen.

Das Entscheidende ist mir die Bereitschaft, für andere und für die Sache da zu sein. Denn wenn man seine Gabe kennt, kann man sich öffnen und kann weiterschenken, was einem selbst zum Geschenk gemacht wurde. Die eigentliche ureigenste Berufung lässt sich nur fühlen. Dann wird man eins mit sich selbst, mit seinem Innersten. Das ist das höchste Glück überhaupt. Menschen, die das erleben, sind unverletzbar, unverwundbar und handeln ganz nach ihrer Seele im »authentischen, göttlichen Flow«. Es geht um Heilung unserer Existenz, unseres individuellen Menschseins, unseres engsten Umfelds, um die Heilung der Partnerschaft, der Familie, der Kultur und ganzer Nationen bis hin zur Weltgesellschaft.

Die Heilung der Systeme heißt, dass die Gegensätze versöhnt werden auf der Basis der Ganzheitlichkeit, dass wieder zusammengefügt wird, was im mechanistischen Weltbild voneinander getrennt wurde. Auch Teile der Wirtschaftseliten spüren mittlerweile, dass sie auf solche Erfahrungen nicht verzichten können. Sie besuchen Yoga-Kurse, üben sich im Bewusstseinstraining, meditieren und lassen sich durch spirituelle Lehrer führen.

Vor kurzem besuchte ich den ehemaligen Mönch Han Shan in seinem Nava Disa Retreat im Nordosten Thailands. Noch vor fünfzehn Jahren war er ein sehr erfolgreicher deutscher Unternehmer mit mehreren Fabriken in seinem Besitz. Nach einem Autounfall entschloss er sich zu einer radikalen Veränderung seines Lebens. Er verschenkte sein gesamtes Vermögen im Wert von über dreihundert Millionen Euro an seine Mitarbeiter, um fortan Topmanager aus der ganzen Welt bei der Klärung ihres Bewusstseins und der Reinigung ihres

Energiefelds zu unterstützen. Die Topmanager, die zu ihm kommen, wissen buchstäblich nicht weiter. »Diese Manager können ihre Unternehmen nicht mehr allein mit dem Verstand führen. Deshalb kommen sie zu mir«, erzählt Han Shan.

Viele Wirtschaftslenker haben erkannt, dass ihnen das logische Denken nicht mehr weiterhilft. Ihre großen Unternehmen vermögen sie nicht mehr allein aufgrund ihrer Ratio zu führen. Die Kosten können nur begrenzt gesenkt werden, die Verkäufe nur begrenzt gesteigert werden, neue Produkte können nur dann entwickelt werden, wenn ihnen geistige Entwicklungssprünge vorausgehen.

Jeder kann etwas tun, indem er allein durch sein Handeln und Denken Anstöße gibt und seinen Kreis beeinflusst. Das wird ausstrahlen und sich potenzieren. Aber wenn es den Bastionen der Macht gelänge, sich zu transformieren, vom Dunkel ins Helle, so könnten wir statt eines radikalen Umsturzes vielleicht doch noch einen behutsamen Wandel erleben, ohne Schocks, ohne Zusammenbrüche. Wenn die Nahrungsmittelkonzerne ihre Aufgabe darin sähen, die Welt zu ernähren und nicht die höchsten Profite zu machen; wenn die Banken ihre Aufgabe darin sähen, Geld für positive Entwicklungen zur Verfügung zu stellen und nicht Produkte zu kreieren, um sich selbst zu bereichern; wenn die Energiekonzerne ihre Aufgabe wieder darin sähen, der Welt die Energie zur Verfügung zu stellen, die ökologisch am verträglichsten, weil nachhaltig gewonnen ist – dann könnten wir aufatmen.

Letztendlich wird das nur durch die Transformation des Ego geschehen, das Ego besonders der Männer und auch vieler Frauen, die versuchen, sich wie Männer zu verhalten. Ich sage es aus vollem und ehrlichem Herzen: Die Hoffnung liegt letztlich auf den starken Frauen. Sie haben die Fähigkeit zu fühlen, mitzufühlen und zu spüren wie nur sehr wenige Männer. Jeder starke Mann, der noch im Verdrängungswettkampf verharrt, wird unweigerlich verändert, wenn er eine starke

Frau trifft. Ihr kann er nicht ausweichen, es sei denn, er ist so sehr seinem Ego und seiner Eitelkeit verhaftet, dass er nur noch um sich schlägt.

Für die Frauen ist das ein sehr harter Weg, denn die Welt befindet sich in einem Übergangsstadium, in dem es kaum adäquate Partner für starke weibliche Figuren gibt. Das Geschlechterverhältnis wird sich neu aufstellen müssen, wie alle Lebensbeziehungen. Die althergebrachten Systeme funktionieren nicht mehr, weder die bürgerliche Ehe noch die übersexualisierte Suchtgesellschaft. Doch es wird gelingen, dass Mann und Frau sich anders begegnen, auch anders berühren, voller Respekt und Achtung, eingebettet in das kosmische Bewusstsein der Ganzheitlichkeit: Namaste, ich sehe dich in deinem Herzen, so wie du wirklich bist.

Ein erwachtes Bewusstsein heißt, eine andere Einstellung zur Welt und zu sich selbst zu entwickeln. Es heißt, andere Prioritäten zu setzen. Ob dann umverteilt wird oder verzichtet, ist dabei unerheblich. Aus der bewussten Haltung heraus kann man das Unmögliche erschaffen. Ich selber habe das in den vergangenen Jahren immer wieder erlebt. Oft hat mich mein eigener Mut überrascht, so wie meine Demut. Der Respekt und die Achtsamkeit der Menschen untereinander wird es sein, was uns überleben lässt, auch angesichts der Schocks und der Katastrophen, die jeden Tag wahrscheinlicher werden.

7. KAPITEL

Im Jetzt beginnen!

Meine Freunde bezeichnen mich als einen Nomaden, weil ich sicherlich schon mehr als zwanzigmal in meinem Leben umgezogen bin. Heute glaube ich, dass dieser Hang zur Wanderschaft immer auch Ausdruck einer inneren Suche gewesen ist: All die Jahre war ich auf dem Weg zu mir selbst. Und sicherlich bin ich noch nicht angekommen.

Seit vielen Jahren begleitet mich eine Sammlung afrikanischer Skulpturen, Menschenbildnisse mit einer geheimnisvollen Aura, Grundfiguren des Humanum: der Krieger, der Bauer, die Mutter, die Verführerin, das Kind. Warum habe ich mich von der Sammlung nie getrennt? Warum habe ich sie immer wieder mitgenommen, über zwei Jahrzehnte hinweg?

Die Figuren stammen von Menschen, die weder lesen noch schreiben können und dennoch alles wissen, was wichtig ist. Sie verstehen sich auf den Urausdruck der Emotionen, weshalb ihre Figuren so authentisch wirken. Eine eigenartige Kraft geht von den statuarischen Körpern aus, von den geschnitzten Gesichtern. Es sind keine Portraits, es sind Archetypen. Auf selbstverständliche Weise erzählen sie ihre Geschichte, ohne Anklage, ohne Bitterkeit. Weisheit liegt in diesen Figuren, eine umfassende, selbstverständliche Weisheit. Sie nehmen ihr Schicksal an, so scheint es, weil sie in der Gewissheit einer kosmischen Ordnung ruhen.

Oft habe ich mich gefragt, in welch einem magischen Universum die Künstler, die sie schufen, lebten. Woran glaubten sie? Woran orientierten sie sich? Welche Götter beteten sie an? Ganz gleich, welche Riten und Gottheiten ihnen wichtig waren, sie lebten in einem spirituellen Urvertrauen, das den meisten von uns heute abhandengekommen ist. Deshalb ist es mehr als kunstsinniger Genuss oder ästhetischer Reiz, der mich an diese Skulpturen bindet. In ihnen finde ich etwas wieder, was ich lange geleugnet und unterdrückt habe: die Wahrheit des Gefühls und die Sicherheit, im großen Ganzen aufgehoben zu sein.

Was ich in den Gesichtern lese, ist tiefe Gelassenheit, das Einverstandensein, das Einssein mit dem Universum. Diese Figuren hadern nicht mit der Welt, in die sie hineingeboren wurden. Sie haben eine Kultur der Zufriedenheit entwickelt, weil sie fest an den Einklang mit einer göttlichen Harmonie glauben, auch wenn sich die Götter ihnen nur in Zeichen offenbaren.

Unsere westlich geprägte Kultur dagegen favorisiert das Sichtbare, das Beweisbare. Alles andere wird in den Bereich der Träume oder der Fantasie verwiesen. Dabei sind die spirituellen Wurzeln in uns unauslöschbar. Selbst fest überzeugte Atheisten senden Stoßgebete zum Himmel, wenn sie in Gefahr sind. Sie rufen höhere Mächte an, ohne recht zu wissen, welche helfende Instanz sie da eigentlich bemühen. Und doch spüren sie, dass sich Rudimente einer uralten Glaubensbegabung in ihnen erhalten haben.

Ich spreche ganz bewusst von einer »Glaubensbegabung«. Die anthropologisch verankerte Fähigkeit des Menschen, Transzendenz zu erfahren, halte ich für eine Gabe – für ein wunderbares Geschenk. Es unterscheidet den Menschen von allen anderen Lebewesen. Gleichzeitig verbindet es ihn mit allem Seienden. Gelebte spirituelle Energie erzeugt eine ganz neue Form der Kommunikation. Die Menschen werden zueinandergeführt, Schranken fallen, Gedanken übertragen sich.

Wer den Weg der ehrlichen inneren Klärung geht, wird eine sehr spezielle Erfahrung machen: Begegnet er jemandem, der den gleichen Weg eingeschlagen hat, so werden sie einander ohne Worte erkennen. Ein Blick in die Augen genügt, um zu wissen, dass sie sich nahe sind, dass sie dasselbe Wertesystem der Gleichheit, Brüderlichkeit und Menschlichkeit besitzen. Das passiert mir immer häufiger. Dann denke ich an den alten indischen Gruß »Namaste« – ich sehe den Gott in dir, ich sehe dich so, wie du bist, jenseits dessen, was du nach außen darstellst. Solche Begegnungen hinterlassen ein großes Glücksgefühl.

Erst die spirituelle Dimension lässt den Menschen fühlen, dass er Teil eines großen Ganzen ist, dem er sich anvertrauen kann. Ob man einer speziellen Konfession angehört, ob man den Monotheismus favorisiert oder dem Buddhismus zuneigt, spielt dabei keine Rolle. Sehr wahrscheinlich aber ist, dass sich die neue Spiritualität außerhalb der tradierten Religionen entwickeln wird. Sie sind historisch zu stark instrumentalisiert worden, und ihre Inhalte wurden zu oft verfälscht, als dass sie noch authentisch erlebt werden könnten.

Spiritualität bedeutet für mich ganz einfach das Angeschlossensein an eine kosmische Energie, wie sie in vielen Religionen, in östlichen Weisheitslehren, aber auch in der modernen Physik beschrieben wird. Ich definiere Spiritualität mit dem Gefühl, dass ich mit etwas Übergeordnetem in Verbindung bin – das kann die Natur sein, ein Mensch, eine Herzensliebe, das kann Gott sein oder das Universum.

Die Formen meiner spirituellen Erfahrungen beruhen daher wesentlich auf Energiearbeit, wie sie im Yoga oder in der Meditation möglich ist. Energie, das habe ich bereits im vorhergehenden Kapitel beschrieben, ist das Trägermedium des Bewusstseinswandels. Im spirituellen Sinne ist es dabei unerlässlich, dass sich nicht nur etwas Neues bildet, sondern dass auch Altes zerstört wird. Als Menschen bilden wir das Prinzip des gesamten Kosmos ab, seine Wandlungsgesetze, sein »Stirb und Werde«, wie es Goethe im »West-östlichen Divan« beschrieb: »Und so lang du das nicht hast, / Dieses: stirb und werde! / Bist du nur ein trüber Gast / Auf der dunklen Erde.«

Die Zufriedenheit, von der ich spreche, hat nichts mit bequemer Selbstzufriedenheit oder Resignation zu tun. Es ist das grundsätzliche Einverständnis mit dem, was existiert. Wir müssen unseren Frieden machen mit unserem individuellen Sein, dann haben wir die Kraft zur spirituellen Transformation. Wenn wir uns liebevoll erkannt und anerkannt haben, gereinigt von Erlerntem und Aufgedrängtem, sind wir bereit, uns als Teil einer großartigen schöpferischen Einheit zu begreifen.

Auch der Lernprozess des Einverständnisses war nicht gerade einfach. Meinen Erfolg hatte ich auf Ehrgeiz, Manipulation und Kontrolle aufgebaut. Solange ich die Fäden in der Hand hielt, war ich einigermaßen zufrieden, entglitten sie mir aber, war ich sofort untröstlich. Alles stand infrage, es war, als würde das gesamte Leben entgleiten. Deshalb erhöhte ich den Druck auf Mitarbeiter und Konkurrenten, sobald etwas nicht nach meinen Plänen zu laufen schien. Und das erzeugte Gegendruck, ganz anders, als es die Aikidō-Lehre vorsieht.

Die Zufriedenheit und Gelassenheit meiner spirituellen Erfahrung dagegen lehrt mich, die Dinge ganz einfach geschehen zu lassen. Erzwingen lässt sich nichts und würde damit vermutlich auch nur das Gegenteil bewirken. Nun kann ich Entwicklungen zulassen, Impulse aufnehmen, positiven Signalen Resonanz geben. Auf diese Weise lernte ich fast alle Autoren meines Scorpio Verlages kennen. Wir wurden voneinander angezogen. Hätte ich sie zwanghaft gesucht, so wären sie mir vermutlich nie begegnet.

Ich habe Vertrauen, und ich habe guten Grund dazu. Jeder Tag bestätigt mir, dass alles, was ich ohne materielle Absichten oder Hintergedanken bewerkstellige, um ein Vielfaches belohnt wird: mit Inspiration, Kreativität, positiven Energien. Diese Verhaltensweise möchte ich mit dem sehr schönen, altmodischen Begriff »Hingabe« bezeichnen. Der schon erwähnte indische Philosoph und spirituelle Lehrer Krishnamurti schreibt dazu: »Gier nach einem Ergebnis verhindert das Erblühen der Selbsterkenntnis. Die Suche an sich ist Hingabe, sie selbst ist die Inspiration.«

Das sei meine spirituelle Quintessenz: aufbauen, Verantwortung übernehmen und wissen, dass alles, was ich tue, Einfluss und Wirkung hat auf das, womit ich verbunden bin. Diese Wahrheit ist wie alle großen Wahrheiten einfach. Für mich stellt sich daher grundsätzlich die Frage: Ist der Mensch, wie er heute und hier lebt, mit etwas verbunden oder nicht? Wenn er es nicht ist, so bleibt er ein bedauernswertes Wesen, abgeschnitten von allen Lebensquellen – von Liebe, von Gefühlen, von der Natur, von Eingebungen, im Grunde von allem, was den Menschen ausmacht. Das ist der eigentliche Kern der Spiritualität: Sie ermöglicht uns, unser Menschsein in einem allumfassenden Sinne zu leben.

Die großen Fragen der Menschheit sind nach wie vor nicht beantwortet. Trotz aller großen Errungenschaften der Forschung und der Wissenschaft weiß niemand, woher das Leben kommt, ob es ein Leben nach dem Tod gibt, und warum wir so sind, wie wir sind. Was ist ein Gedanke? Wie entsteht er? Und warum können uns Gedanken lähmen statt uns zu beflügeln? Niemand hat darauf eine Antwort, und sie ist schon gar nicht mit Hilfe des traditionellen naturwissenschaftlichen Denkens zu finden, das auszurechnen versucht, was ein Gedanke ist.

Näher kommen wir den existenziellen Fragen, wenn wir uns selbst klären. Neben der Hingabe habe ich zwei weitere Haltungen entdeckt, die meine Transformation lenken: Demut und Verzeihen. In ihnen ist eine ungeheure Energiequelle angelegt. Sowohl die reine Demut als auch die Kunst, sich und anderen zu verzeihen, lässt Energien fließen, die durch Eitelkeiten oder Vorwürfe blockiert waren.

Man kann sich nicht hingeben, ohne sich selbst zu vergeben. Jeder trägt Schuld in sich, jeder weiß um Fehler, die er im Laufe seines Lebens gemacht hat. Freiheit und Leichtigkeit des Geistes erlangen wir jedoch nur dadurch, dass wir innerlich bereit sind, uns selbst zu vergeben. Damit befrieden wir auch die überhohen Ansprüche, die wir oft an uns selbst stellen. Sie sind es, die Schuldgefühle erzeugen. Schuld aber ist gleichbedeutend mit Angst vor Strafe. Daher neigen wir dazu, uns durch Schuldgefühle zu lähmen. Wir sehen nicht mehr das Gute und Positive in uns, sondern stehen ganz im Bann unserer Verfehlungen.

Die therapeutische Gesellschaft der Gegenwart analysiert mit Vorliebe ausführlich das Negative und räumt ihm in intensiven Reflexionen einen besonderen Stellenwert im Bewusstsein ein. Als Problembewusstsein wird dies dann betrachtet. In Wahrheit aber wird dem Negativen dadurch eine viel zu hohe Bedeutung zugesprochen. Denn Verletzungen der Vergangenheit heilen nicht, Konflikte wachsen in der gedanklichen Wiederholung, das Bewusstsein verdunkelt sich in der Fokussierung auf Schatten-Energien. Es wappnet sich, kapselt sich ab und verhindert den Energieaustausch.

»Der moderne Mensch ist ein gepanzerter Mensch«, so charakterisiert der Autor Ernst Stürmer dieses gefesselte Bewusstsein. »Nicht einmal im Schlaf legt er seine chronische Panzerung ab.« Um die Panzer zu durchbrechen, müsse man anderen und sich selbst verzeihen lernen. Dann erst sei der Energiefluss wiederhergestellt, dessen Blockierung zu Erkrankungen aller Art führt, zu Unwertgefühlen und Depressionen.

Dies bestätigt auch die Heilerin Teresa Schuhl, die ich vor kurzem kennen lernte. Die Menschen, die in ihre Praxis kommen, sind oft verzweifelt und setzen ihre letzte Hoffnung in sie. Im Laufe ihrer Tätigkeit hat sie die Beobachtung gemacht, dass es ungewöhnlich häufig Schuldgefühle sind, die ihre Patienten belasten. Vor allem ungeklärte Beziehungen zu den Eltern überschatten die Seele, ohne dass es den Kranken bewusst ist.

Dann betet Teresa Schuhl mit ihnen oder erzählt Geschichten, die sie durch Eingebungen sieht. Ihre Fälle weisen eine eigene Symptomatik auf: Töchter haben häufig Schuldgefühle der Mutter gegenüber, Söhne hadern damit, dass sie die Erwartungen der Eltern nicht erfüllten. Es sind Geschichten der Zurückweisung, der Missachtung und der Unfähigkeit zu vergeben. Teresa Schuhl betrachtet sich dann als spirituelle Begleiterin auf dem Weg zur Vergebung, der zugleich der Weg zu geistiger und physischer Gesundheit ist. Sie bringt den Patienten die Sicht nahe, dass die Eltern im kosmischen Sinne weiterexistieren, somit zu jederzeitiger Verzeihung bereitstünden – ein Weg, sich selbst der Schuld zu entledigen.

Oft sieht sie förmlich, wie sich die Schwingung des Kranken wieder erhöht, wie sich sein Körper erwärmt, wie er zu leuchten beginnt – eine heilende, geistige Kraft, eine höhere Macht, die es gut mit den Menschen meint. Spirituell besonders empfängliche Menschen sind in der Lage, die Aura von Menschen, ihr Energiefeld, ihre geistige Ausstrahlung wahrzunehmen. Die Heilerin hat es darin zu einer selbstverständlichen Fähigkeit gebracht. Doch jeder, der den Weg des erwachenden Bewusstseins geht, wird ähnliche Erfahrungen machen.

Meine Begegnung mit Teresa Schuhl hat mir die Augen geöffnet für die Härte, mit der viele Menschen sich selbst bestrafen und ihre Energien blockieren. Wer sich selbst verzeiht, dessen Weg ist frei für die unbedingte Zuwendung zu anderen, unbeschwert durch alte Verletzungen oder Verfehlungen. Das spirituelle Weltbild, das sich dem Jetzt anvertraut, fordert auf, solche »Schuld« ein letztes Mal ins Bewusstsein zu holen, um sie dann für immer ins Universum zu entlassen. Auch das ist Loslassen: sich von negativen Gefühlen befreien, die der Vergangenheit angehören.

Immer mehr Menschen nehmen die Schwingungen wahr, die ihre Verbindung mit etwas Höherem kennzeichnen, aber auch ihre eigenen Schwingungen, ihr eigenes Energiefeld. Nicht von ungefähr gehören Bücher über Quantenheilung inzwischen zu den meistgefragten der spirituellen Literatur. Sie ermöglichen das Erkennen des eigenen Energiefelds und dessen potenzieller Störungen, was sowohl das äußere Energiefeld als auch das innere betrifft. Und sie zeigen: Das Herstellen eines anderen Energiezustands heilt sofort. Auf diese Weise sind Wunderheilungen erklärbar. So sind sich einige Theoretiker sicher, dass sich auch die Spontanheilungen, wie sie die Bibel überliefert, darauf zurückführen lassen.

Als kosmische Wesen sind wir rein und frei. Wenn wir zur Wahrhaftigkeit finden, spielt es keine Rolle mehr, was wir vor langer Zeit getan haben. Nur das Jetzt zählt. Dies ist ein völlig anderer Zeitbegriff, als wir ihn aus dem Alltag kennen. »Auf der materiellen Ebene braucht man natürlich Zeit, um von hier nach dort zu gelangen«, bemerkt Krishnamurti dazu. »Aber auf der psychischen Ebene existiert keine Zeit. Das ist eine ungeheuerliche Wahrheit, eine ungeheuer wichtige Tatsache, und wenn man sie entdeckt hat, hat man sich von allen Traditionen freigemacht.«

Diese Zeitlosigkeit der spirituellen Selbstwahrnehmung ist eine Gnade. Man kann ganz bei sich selbst sein und Kontakt zu seiner Seele erhalten. Wer versucht, mit seiner Seele zu sprechen – ich habe das gelernt, indem ich im Moment der Ruhe meiner Seele Fragen stelle – wird Antworten bekommen. Es mag eine Weile dauern, aber die Antworten werden nicht ausbleiben. Dies ist nichts anderes als der Kontakt mit dem eigenen lebendigen Selbst, das zugleich mit dem Universum verbunden ist.

Nie sind wir lebendiger, kreativer und energiegeladener als in diesem Augenblick. So hat die Schöpfung allem Leben und allem Seienden unendliche Energien zur Verfügung gestellt. Es ist das Bewusstsein des Kosmos, das uns hier durchströmt, mit all seinem Potenzial, mit allem, was an Erfahrung und Idee in ihm gespeichert ist. Ein nie gekannter Enthusiasmus durchpulst uns, und wir haben buchstäblich das Gefühl, wir könnten die Welt aus den Angeln heben.

Aus dieser Verfassung heraus kann Großes geschehen, bis hin zu einer neuen Wirtschaft und einer neuen Politik. Eine neue Art von Wachstum wäre dann möglich, nachhaltig, ganzheitlich, dienend. Voraussetzung allerdings ist die Achtsamkeit für das Jetzt. Und damit kommen wir zu einem letzten wichtigen Punkt, dem transformierten Zeitbegriff. »Verweile doch, du bist so schön!«, ruft Faust dem Augenblick zu, in dem er sich am Ziel aller seiner Träume sieht. Es ist das Glück des Jetzt, das er empfindet, und es schmerzt ihn, dass dieser einzigartige Augenblick vergehen wird. Der Moment wird als flüchtig angesehen, als kaum existent, und für Faust ist das eine Quelle des Leids.

Die Haltung, die hinter der Klage steht, kennzeichnet unser gesamtes westliches Denken. Wir befinden uns immer noch in einer permanenten Synchronizität der Zeitebenen, in der Vergangenheit und sehen vor uns die Zukunft. Selten sind wir wirklich im Jetzt. Kosmisch gesehen zählt aber nur der Augenblick, das Jetzt. Da wir uns an die Vergangenheit nur durch unsere Gedanken erinnern und uns die Zukunft nur qua Gedanken vorstellen können, bleiben diese beiden Zeitebenen abstrakt, bloße Verstandesprojektionen. Empfinden, gestalten und verändern können wir nur das Jetzt. Es ist konkreter als der Zeitpfeil, sei er nun vorwärts oder rückwärts gerichtet. Die Konkretion des Seins kennt nur den Augenblick. Ihn zu kultivieren, zu respektieren und zur Quelle der Transformation zu machen, muss das oberste Ziel sein.

Hier nun kommt die zweite Haltung ins Spiel, von der ich sprach: die Demut. Menschen, die ihr Ego nicht reflektiert haben, werden Demut immer mit Selbstverleugnung verwechseln. Sie mutmaßen, dass es sogar eine Form der Heuchelei sei, weil das Ich sich unterordne. Das Gegenteil ist der Fall. Bei Antoine de Saint-Exupéry fand ich den Satz: »Die Demut des Herzens verlangt nicht, dass du dich demütigen, sondern dass du dich öffnen sollst. Das ist der Schlüssel des Austauschs. Nur dann kannst du geben und empfangen.«

Demut ist also keine passive Haltung, sondern eine höchst aktive. Sie ist Dienst am Universum, im Bewusstsein, auf dass ein permanenter Transfer stattfindet, sobald man sich im großen Ganzen geborgen fühlt. Die spirituelle Matrix eines transformierten Bewusstseins macht das zu einer völligen Selbstverständlichkeit. Der Mensch ist im Fluss, er muss nicht mehr aufrechnen. So ist das Dienen nicht mit Unterwerfung gleichzusetzen. Ich selbst diene meinen Ideen, meinen Überzeugungen und damit dem Gemeinwohl jeden Tag, wissend, dass mein Handeln allem und allen zugutekommt, auch mir selbst.

Es ist Ausdruck meiner Vernetztheit und meines tiefen Empfindens, dass ich auf der spirituellen Ebene mit allem verbunden bin. Jene Dinge zwischen Himmel und Erde wahrzunehmen, die jenseits aller Schulweisheit liegen, versetzt uns erst in die Lage, das Geheimnis unserer Existenz zu ergründen und Visionen eines besseren Lebens zu entwickeln. Was bedeutet das aber für den Einzelnen? Muss er aussteigen, sich zurückziehen, sein altes Leben hinter sich lassen? Sollte er in ein Kloster gehen oder als Helfer in einen indischen Slum?

Ich bin nicht der Ansicht, dass es falsch sei, wenn der Mensch Tatkraft hat und den Ehrgeiz besitzt, an die Spitze zu gelangen. Ich halte dies für völlig normal. Die Pointe liegt darin, wie man seine Ziele verfolgt und um welchen Preis. Jede Führungskraft kann durch ihre Persönlichkeit, ihr ethischmoralisches Wertesystem und ihre Empathie viele Menschen mitreißen und sie auf diese Werte verpflichten, ohne in der Leistung eine Sekunde nachzulassen.

Ehrgeiz und Leistung sind legitim, und es wird künftig darauf ankommen, dass gerade Leistungsträger ihr transformiertes Bewusstsein der Allgemeinheit zur Verfügung stellen. Sicherlich erreichen auch die Gebete eines tibetischen Mönchs durch den universalen Energietransfer das Herz der Allgemeinheit. Eine allgemeine Transformation aber wird umso rascher erfolgen, je mehr gerade die kompetente, gebildete Elite sich ihren gesellschaftlichen Aufgaben stellt, geläutert durch ihr erwachtes Bewusstsein.

Es gibt viele Beispiele, dass Führungspersonen anderen Menschen Optionen erschließen – ohne sie zu zerstören. Sie haben die innere Souveränität, dass sie Mitarbeitern das sagen und geben können, was sie für ihre Entwicklung brauchen. Sie haben das spirituell geschulte Empfinden für ethisches, kontextbezogenes Handeln. Ich erwähne diese Beispiele, weil ich Spiritualität nicht als eine Feiertagsbeschäftigung betrachte, sondern als etwas, das sich mitten im Leben ereignen kann. Wer mit sich selber im Reinen ist, wird menschliche Größe und Umsicht entwickeln und weitergeben.

Der große Aufklärer Immanuel Kant hat sich vier Fragen gestellt, die noch immer zu den essenziellen Menschheitsfragen gehören: Was kann ich wissen? Was soll ich tun? Was darf ich hoffen? Was ist der Mensch? Jeder, der die Ebene des reinen Materialismus hinter sich lässt, ist mit diesen Fragen konfrontiert. Ihre Aktualität ist größer denn je, denn sie geben sich nicht mit dem Ist-Zustand zufrieden. Treffsicher loten sie aus, wie es um unsere Zukunft bestellt sein könnte und welche Perspektiven wir haben, uns selbst und die Welt zu verändern.

Der Philosoph baute auf den Fragen sein Denkgebäude. Die Frage danach, was wir wissen können, beantwortete er in seiner Erkenntnistheorie, die von Skepsis gegenüber herkömmlichen Vorstellungen von Vernunft geprägt ist. In seiner humanistisch grundierten Ethik widmete er sich den Handlungsanweisungen, die im berühmten kategorischen Imperativ ihren Ausdruck finden: »Handle so, dass die Maxime deines Willens jederzeit zugleich als Prinzip einer allgemeinen Gesetzgebung gelten könnte.« Was wir erhoffen können, schilderte er in seiner Religionsphilosophie, und die Definition des Menschen erschloss sich ihm über seine Anthropologie.

Dieser philosophisch-analytischen Arbeitsteilung steht heute ein spirituelles Weltbild gegenüber, das die vier Fragen nicht mehr isoliert beantwortet. Deren Antworten sind untrennbar miteinander verknüpft. Was wir wissen und tun können, was wir hoffen dürfen und was unser Menschsein ausmacht, ist im Zustand des erwachten Bewusstseins eine Einheit.

Die innere Transformation ist ein »turning point«, nach dem es kein Zurück mehr in das alte Denken gibt. Niemand sollte erschrecken, wenn er dabei schwere Zeiten durchmacht. Es gibt für jeden Suchenden die »Chance der dunklen Zeit«, persönlich, beruflich, gesellschaftlich. Gerade wenn alles aussichtslos erscheint, sind wir besonders offen für das, was unsere Intuition längst weiß. Aus den vielen Umbrüchen meines Lebens weiß ich: Man muss sich verlieren, um sich zu finden. Wenn man dann ganz unten angelangt ist und nichts mehr einen hält, kommt der Prozess des Umdenkens in Gang.

Das Schicksal der Menschen wird sich daran entscheiden, ob das Verlieren, Neubesinnen und Umdenken für die gesamte Menschheit gilt oder nur für einige Individuen. Wenn wir alles verloren haben, unsere Werte, unsere Prinzipien, unser Menschsein, wird dann die Kraft groß genug sein, sich zu transformieren? Darum wird es gehen, darum geht es jetzt bereits.

Nach meiner Überzeugung werden die Glaubensbegabung und die Befähigung zur Transzendenz machtvoll hervorbrechen, als eine glückhaft gelebte Spiritualität. Wir verfügen über ein uraltes Wissen, über eine Weisheit, die über Tausende von Generationen in uns aufbewahrt wurde. Unsere Aufgabe ist es, dieses Wissen, diese Weisheit zu erwecken, zu schulen und im Sinne aller zum Ausdruck zu bringen.

Ich habe keinen Anlass, die Feststellung, dass die Menschheit am Abgrund steht, zurückzunehmen. Doch ich vertraue in große Kräfte, die auch mir zuwuchsen, als ich mich auf den schwierigen Weg der Transformation begab. Jedem, der es ebenfalls versucht, kann ich versichern: Je weiter wir auf diesem Weg vorankommen, desto größer wird das Glück, das wir finden. Ich hätte mir nie träumen lassen, dass ich noch einmal derart erfüllt, kreativ und enthusiastisch leben würde wie heute. Ich fühle mich tatkräftiger als je zuvor. Meine Freude ist authentischer, meine Liebe tiefer, meine Ideen sind wirkmächtiger. Mit einem Satz: Ich bin angeschlossen.

In meiner Vision, die mich trägt, schließen sich immer mehr Menschen an den großen, universalen Energiestrom an. Ihre Gedanken korrespondieren miteinander, ihre Energien verstärken sich gegenseitig, und sie setzen der destruktiven Wirklichkeit ein mächtiges positives Bewusstsein entgegen. Sie werden die Fähigkeit besitzen, das Dunkle zu transformieren, statt es zu bekämpfen. Sie werden Menschen mit starkem Ego besänftigen, Gier mäßigen und Aggressionen energetisch umwandeln. Das geschieht bereits jetzt, in den Zonen der spirituellen Avantgarde. Ich weiß, dass es schon bald zur transformierten Realität gehören wird.

Wer je die All-Eins-Erfahrung gemacht hat, kann der kosmischen Energie vertrauen, dem neuronalen Netzwerk sozialer Intelligenz, der Resonanz auf positive Gedanken und der Einzigartigkeit jedes Lebewesens. Er wird die Intelligenz des Herzens leben, die Kraft der Stille nutzen und mit liebender Hingabe die Welt verändern. Er wird heilen, was verletzt ist, und verbinden, was getrennt wurde. Seine Seele wird unsterblich sein wie das Universum. Im Jetzt aber wird er die Fähigkeit erlangen, die großen Paradigmenwechsel voller Urvertrauen zu begleiten.

Epilog

Auf die Frage, wie er sein Leben trotz aller Widrigkeiten gemeistert habe, antwortete Nelson Mandela einmal mit einem tibetischen Sprichwort: »Nicht der, der uns am meisten liebt, sondern der, der uns den größten Schmerz zufügt, ist unser wichtigster Lehrmeister.« Als ich den Satz zum ersten Mal hörte, war ich verwundert. Heute weiß ich, dass darin eine tiefe Weisheit liegt.

Der Weg der Transformation ist ein glücklicher, erfüllender Weg. Andererseits ist er auch von Irritationen und Krisen geprägt, und er konfrontiert uns zwangsläufig mit Menschen, die uns verletzen. Diese Erfahrung habe ich häufig machen müssen, sicherlich weit weniger lebensbedrohend als Mandela, dennoch mit allen existenziellen Ängsten, die aus Verletzungen entstehen. Immer wieder geriet ich an Grenzen, und oft haderte ich mit meinem Schicksal. Bis ich begriff, dass wir oft unbewusst die Verletzungen provozieren, die uns auf die nächste Stufe unserer Entwicklung heben.

Wenn wir leiden, wenn wir unglücklich sind oder verstört, können wir gar nicht anders, als uns nach Alternativen umzuschauen. Wir spüren uns in unserem Kern, lebendig, verwundbar, durchlässig – und beginnen, nach Lebensformen zu suchen, die unserem inneren Selbst entsprechen. Das ist ein äußerst heilsamer Prozess, da wir uns dem stellen, was unsere Entwicklung hemmt. Wenn das Bewusstsein erst einmal erwacht ist, registriert es weit mehr Zwischentöne als zuvor. Es wird empfindlich für schrille Töne, für hohle Floskeln, für Respektlosigkeit und Aggression. Und es sucht instinktiv die Gegenwart von Menschen, die ebenfalls ihrem erwachenden Bewusstsein Raum geben.

Wenn ich zurückblicke, habe ich das Bedürfnis, mich zu bedanken. Nicht nur bei all jenen, die mich unterstützten, anregten und hilfreich begleiteten, sondern auch gerade bei jenen, die mir Schmerzen zufügten. Sie zeigten mir, dass ich mich unwissentlich in Strukturen verstrickt hatte, die mich einengten und mir den geistigen Atem nahmen. Sie zeigten mir, dass ich mich in Systemen bewegte, in denen es kein Bewusstsein für seelische Bedürfnisse gab. Und sie gaben mir immer wieder den Anstoß, mein Leben zu ändern.

Dadurch geschah etwas Unerwartetes. In dem Moment, in dem ich Verantwortung für mein Leben übernahm, konnte ich auch für andere Verantwortung übernehmen. So paradox es klingen mag: Ich erlernte Empathie, Respekt und Achtsamkeit gerade durch Menschen, die diese Prinzipien mit Füßen traten. Wer Verletzungen und Demütigungen erleiden muss, hat nur zwei Möglichkeiten. Entweder er verdrängt sie und speichert sie im Unterbewusstsein ab, aus dem sie dann in einem völlig unerwarteten Moment herausbrechen – als Aggressionsbereitschaft, als ungefilterte Gewalt. Oder er reflektiert diese Verletzungen und Demütigungen, transformiert sie zu heilsamen Lernschritten und verinnerlicht, dass er diese Mechanismen niemals mehr selbst anwenden wird.

Ich hoffe, dass dieses Buch seinen Lesern Anregungen und Impulse gibt, das eigene Leben zu reflektieren – und damit dazu beitragen kann, den Sinn, die individuelle Gabe, die universale Verantwortung zu finden. Dies ist der erste Schritt zu einem erfüllten Leben voll inneren Friedens und voller geistiger Energie. Oder, um es in einer Quintessenz zusammenzufassen: Die innere Transformation ist der entscheidende Schritt zum Lebensglück. Dieses Glück strahlt aus und potenziert sich, weil jeder bewusste, glückliche Mensch zu einer glücklicheren, gerechteren Welt beiträgt. Wie innen, so außen – dieser zentrale Satz des Yoga gilt gerade für den Weg der inneren Reinigung und Transformation.

Daher wünsche ich mir, dass immer mehr Menschen ihr Bewusstsein entdecken und entwickeln. Wir werden jeden einzelnen dieser Menschen brauchen für die geistigen Phasensprünge, um unsere Welt vor der Selbstzerstörung zu bewahren.

Literatur

Armstrong, Jeffrey, *Das Geheimnis der Avatare – Die Spirituelle Weisheit*, München 2010

Beckwith, Michael Bernard und Reinhard Eichelbeck, *Entscheide dich für die Freiheit. Unser Seelenpotenzial entdecken und entfalten*, München 2009

Bittscheidt, Wolfgang, *Vom Geist des Heilens. Die Rückkehr der Ganzheit*, München 2010

Bolz, Norbert, *Das ABC der Medien*, München 2007

Bolz, Norbert, *Weltkommunikation*, München 2001

Bourdieu, Pierre, *Wie Maos rotes Buch. Interview mit dem französischen Soziologen über die Bundesbank und die neoliberale Wirtschaftspolitik*, in: *Der Spiegel*, Nr. 50, Dezember 1996, S. 176

Bradshaw, John, *Das Kind in uns. Wie finde ich zu mir selbst*, München 1994

Broers, Dieter, *(R)evolution 2012. Warum die Menschheit vor einem Evolutionssprung steht*, München 2009

Broers, Dieter, *Checkliste 2012. Sieben Strategien, wie Sie die Krise in Ihre Chance verwandeln. Wegbeschreibung aus spiritueller Sicht*, München 2009

Capra, Fritjof, *Wendezeit. Bausteine für ein neues Weltbild*, München 1999

Contzen, Angela C., *Die Symbole des Westens. Von den Bildern, die unser Denken prägen*, München 2010

Enzensberger, Hans Magnus, *Einzelheiten. Band 1: Bewußtseins-Industrie*, Frankfurt/M. 1962

Forrester, Viviane, *L'horreur économique*, 1996, deutsch: *Der Terror der Ökonomie*, Wien 1997

Franck, Georg, *Ökonomie der Aufmerksamkeit. Ein Entwurf*, München 1998

Geißler, Karlheinz, *Lob der Pause. Warum unproduktive Zeiten ein Gewinn sind*, München 2010

Genscher, Hans-Dietrich, *Die Chance der Deutschen. Hans-Dietrich Genscher im Gespräch mit Guido Knopp*, München 2008

Habermas, Jürgen, *Strukturwandel der Öffentlichkeit. Untersuchungen zu einer Kategorie der bürgerlichen Gesellschaft*, Neuwied 1962, Neuauflage Frankfurt/M. 1990

Harvey, Eugénie und David Robinson, *Einfach die Welt verändern. 50 kleine Ideen mit großer Wirkung*, München 2006

Häusler, Martin, *Die wahren Visionäre unserer Zeit*, München 2010

Heimrath, Johannes, *Auf in die Post-Kollaps-Gesellschaft*, in: OYA, Mai/Juni 2010, S. 45

Huxley, Aldous, *Brave New World*, 1932, deutsch: *Schöne neue Welt*, 1954, Frankfurt/M. 2004

Hollerbach, Lothar, *Der Quanten-Code. Heilung und Selbstheilung durch die Ur-Energie*, München 2010

Jensen, Derrick, *Endgame. Zivilisation als Problem*, München 2008

Kerkeling, Hape, *Ich bin dann mal weg. Meine Reise auf dem Jakobsweg*, München 2006

König, Michael, *Das Urwort. Die Physik Gottes*, München 2010

Krishnamurti, Jiddu, *Das Wesentliche ist einfach. Antworten auf Fragen des Lebens*, Freiburg/Br. 2005

Krishnamurti, Jiddu, *Einbruch in die Freiheit*, München 1969, 2002

Laszlo, Ervin, *Weltwende 2012. Wie eine grüne Wirtschaft, neue Politik und ein höheres Bewusstsein zusammen wirken*, München 2010

Ludwiger, Illobrand von, *Burkhard Heim. Das Leben eines vergessenen Genies*, München 2010

Luhmann, Niklas, *Soziale Systeme. Grundriss einer allgemeinen Theorie*, Frankfurt/M. 1984

Maharshi, Ramana, *Gespräche des Weisen vom Berge Arunachala*, München 2006

Maharshi, Ramana, *Geistige Unterweisung*, Hammelburg 1996

McLuhan, Marshall, *Die Magischen Kanäle. Understanding media*, Frankfurt/M. 1970

Meadows, Dennis L., Donella H. Meadows und Erich Zahn, *The Limits to growth*, deutsch: *Die Grenzen des Wachstums. Bericht des Club of Rome zur Lage der Menschheit*, München 1972

Negt, Oskar, *Der politische Mensch. Demokratie als Lebensform*, Göttingen 2009

Paslack, Rainer, *Zur Geschichte der Selbstorganisationsforschung*, München 1990

Popp, Fritz-Albert, *Biologie des Lichts. Grundlagen der ultraschwachen Zellstrahlung*, Berlin, Hamburg 1984

Popp, Fritz-Albert, *Biophotonen. Neue Horizonte in der Medizin. Von den Grundlagen zur Biophotonik*, 3. Aufl., Stuttgart 2006

Roy, Arundhati, *Field Notes on Democracy*, deutsch: *Aus der Werkstatt der Demokratie*, Frankfurt/M. 2010

Schneider, Sandra, *Im Jetzt. Die menschliche Verwirklichung des kosmischen Prinzips*, München 2010

Schopenhauer, Arthur, *Die Welt als Wille und Vorstellung*, Originalausgabe 1859, Köln 2009

Schuhl, Teresa, *Wüstenmädchen. Die Heilkunst der starken Frauen*, München 2010

Senkowski, Ernst, *Instrumentelle Transkommunikation. Dialog im Unbekannten. Stimmen – Bilder – Texte*, Frankfurt/M. 2000

Shan, Han, *Wer loslässt, hat zwei Hände frei. Mein Weg vom Manager zum Mönch*, Köln 2009

Sheldrake, Rupert, *A New Science of Life*, 1981, deutsch: *Das schöpferische Universum. Die Theorie des morphogenetischen Feldes*, 1983, Neuausgabe Berlin 2009

Sheldrake, Rupert, *The Presence of the Past*, 1988, deutsch: *Das Gedächtnis der Natur. Das Geheimnis der Entstehung der Formen in der Natur*, Frankfurt/M. 1990/2003

Sheldrake, Rupert, zusammen mit Ralph Abraham und Terence McKenna, *The Evolutionary Mind: Trialogues at the Edge of the Unthinkable*, 1998, deutsch: *Cyber-Talk. Mutige Anstöße für die Vernetzung von wissenschaftlichem Fortschritt und Heilung der Erde*, Frankfurt/M. 1998

Shiva, Vandana, *Leben ohne Erdöl. Eine Wirtschaft von unten gegen die Krise von oben*, Zürich 2009

Shiva, Vandana, *Erd-Demokratie. Alternativen zur neoliberalen Globalisierung*, Zürich 2006

Tolle, Eckart, *Eine neue Erde. Bewusstseinssprung anstelle von Selbstzerstörung*, München 2005

Tolle, Eckart, *The Power of Now. A Guide to Spiritual Enlightenment*, deutsch: *JETZT! Die Kraft der Gegenwart*, Bielefeld 2010

Ueshiba, Morihei, *Budō. Das Lehrbuch des Gründers des Aikidō*, Heidelberg 1997

Ulrich, Peter, *Integrative Wirtschaftsethik. Grundlagen einer lebensdienlichen Ökonomie*, 4. Aufl., Bern, Stuttgart, Wien 2008

Vester, Frederic, *Die Kunst vernetzt zu denken. Ideen und Werkzeuge für einen neuen Umgang mit Komplexität. Ein Bericht an den Club of Rome*, München 2002

Vester, Frederic, *Denken, Lernen, Vergessen. Was geht in unserem Kopf vor, wie lernt das Gehirn, und wann lässt es uns im Stich?* München 1998

Wieland, Josef, *Die Ethik der Governance*, Marburg 2007

Wilber, Ken, *Integrale Spiritualität. Spirituelle Intelligenz rettet die Welt*, München 2007

Wilber, Ken, *Integrale Vision. Eine kurze Geschichte der integralen Spiritualität*, München 2009

Wolf, Naomi und Thomas Pfeiffer, *The End of America,* deutsch: *Wie zerstört man eine Demokratie. Das 10-Punkte-Programm*, München 2008